GOLAZOS

JAVIER SERRANO

GOLAZOS

CON ILUSTRACIONES DE LEO VELASCO

la esfera azul

Primera edición: marzo de 2024

Avenida de San Luis, 25
28033 Madrid
Tel.: 91 443 50 00
www.laesferaazul.com

ISBN: 978-84-19472-76-2
Depósito legal: M.2353-2024
Composición: L. Javier Velasco y Alejandra E. Escalada
Impresión y encuadernación: Unigraf

Impreso en España - *Printed in Spain*

ÍNDICE

INTRODUCCIÓN

Hay pocas alegrías tan grandes como la que nos llevamos cuando nuestro equipo marca un gol. O mejor aún, un golazo. El fútbol es para pasarlo bien, y la salsa del fútbol son los goles, así que en este libro hemos querido recopilar los grandes golazos de la historia.

¿Podemos decir que son los mejores goles de todos los tiempos? Bueno, eso es muy atrevido, porque no es fácil hacer una clasificación. Además, aquí entra en juego el gusto de cada uno: hay personas a las que les gustan más los goles conseguidos con remates acrobáticos; otras prefieren las jugadas individuales, con mucho regate y mucho quiebro; hay quien disfruta con trallazos desde lejísimos... Así que posiblemente si cada persona hiciera un *ranking* de los mejores golazos de la historia, saldrían muchas listas distintas. En algunos goles coincidiríamos casi todos: por ejemplo, ningún buen aficionado al fútbol dejaría fuera el golazo de Maradona con su selección, Argentina, a Inglaterra, en el Mundial de México de 1986. Pero en otros casos, cada uno tendrá sus favoritos.

Eso sí, en lo que todos estamos de acuerdo es en que el gol es el momento más emocionante del fútbol: los goles dan victorias y títulos, desatan la alegría, provocan euforia... Hay partidos que acaban 0-0 y, después de verlos, nos queda una sensación rara. ¿Para qué han jugado estos pobres durante 90 minutos? Hora y media corriendo, peleando y pegando pelotazos, y al final nada, todo queda como al principio. Definitivamente, nos gustan los goles.

¿Y cómo hemos elegido los goles para este libro? Hemos escogido algunos por su belleza y su dificultad; otros, por su importancia histórica; y quizá algunos más, por puro gusto. Pero todos ellos, sin excepción, provocaron alegría, admiración e incluso asombro.

¿Cuál es tu gol favorito? ¿Con cuál has disfrutado más? ¿Cuál habrías incluido en este libro? Te damos la bienvenida a este libro plagado de auténticos GOLAZOS.

EL GOLAZO DE

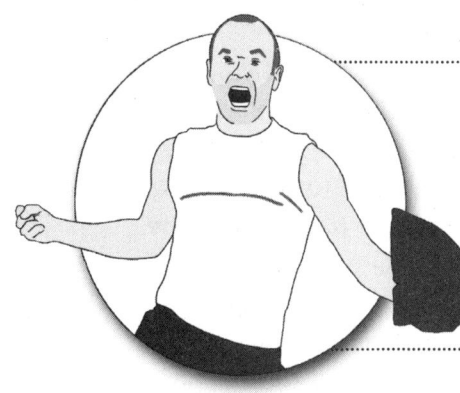

ANDRÉS INIESTA

CUÁNDO
En julio de 2010.

DÓNDE
En el estadio Soccer City
de Johannesburgo, Sudáfrica.

EL PARTIDO
Fue la final del Mundial
de Sudáfrica 2010,
España-Holanda.

ASÍ FUE EL GOL

Estaba acabando la prórroga, quedaban menos de cinco minutos y no había manera de romper el empate a cero. Dos horas de fútbol y parecía imposible que alguien pudiera meter un gol. Había sido un partido duro, los holandeses repartieron leña a diestro y siniestro, nos dieron más palos que a una estera. Pero no perdíamos la fe. La jugada del gol fue larga, de casi 30 segundos de duración, y empezó en el área de España. Puyol pasó a Navas, que todavía tenía fuerzas para correr, y se pegó una carrera de 40 metros con el

INIESTA

FÁBREGAS

TORRES

balón hasta el campo contrario. Estuvo a punto de perder la pelota, pero tras un rebote le llegó a Iniesta, que tocó de tacón para Cesc. Este de nuevo para Navas, que abrió a la banda izquierda para Torres.

Torres vio a Iniesta en buena posición y centró la pelota, pero rechazó la defensa de Holanda. El balón le cayó a Cesc que volvió a ver a Iniesta bien colocado. Le pasó el balón, Iniesta controló con la pierna derecha, y con esa misma pierna remató cruzado. El portero holandés rozó la pelota con su guante, pero no pudo evitar el gol más importante de la historia del fútbol español.

NAVAS

INIESTA

AVAS

FÁBREGAS

EL RESULTADO

Este gol fue el 1-0 definitivo para España, que se proclamó campeona del Mundo en Sudáfrica.

ANÉCDOTAS

Iniesta ha contado que cuando recibió el último pase de Cesc, vivió la jugada casi a cámara lenta. «En ese momento se para todo —dice— y solo estamos yo y el balón. Es difícil escuchar el silencio, pero en ese momento lo escuché, y sabía que ese balón iba dentro». Fernando Torres, que también participó en la jugada, lo definió como «el gol de todos».

No fue un Mundial fácil para España. La selección perdió el primer partido, contra Suiza. Pero después se rehízo y se clasificó para octavos de final. A partir de ese momento, el equipo fue pasando eliminatorias ganando todos los partidos por el mismo resultado: 1-0. En octavos a Portugal (gol de Villa); en cuartos a Paraguay (también gol de Villa y con Iker Casillas en plan héroe porque paró un penalti); en semifinales a Alemania (gol de Puyol), y en la final a Holanda.

EL GOLAZO DE

ZINEDINE ZIDANE

CUÁNDO
En mayo de 2002.

DÓNDE
En el estadio Hampden Park
de Glasgow, Escocia.

EL PARTIDO
Fue la final de la Champions
League de la temporada 2001-2002,
que disputaron el Real Madrid
y el Bayer Leverkusen.

ASÍ FUE EL GOL

Como todas las finales de Champions League, el partido estaba siendo muy emocionante. Iba 1-1 y estaba acabando el primer tiempo. En el último minuto de la primera parte, Solari envió un balón en profundidad a Roberto Carlos por la banda izquierda. El lateral brasileño, que era rapidísimo, pudo sacar medio metro de ventaja al defensa alemán, lo suficiente para lanzar un centro hacia el borde del área. No se puede decir que fuera el mejor centro de la historia, el balón salió muy

R. CARLOS

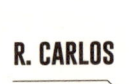

SOLARI

ZIDANE

bombeado, cogió mucha altura. Pero el jugador que estaba esperando que esa pelota cayera no era cualquiera: era Zinedine Zidane.

Zidane colocó el cuerpo perfectamente y, sin dejar que el balón tocara el suelo, lo empalmó con la pierna izquierda —era diestro, pero la verdad es que utilizaba las dos piernas de maravilla— y metió un golazo por toda la escuadra. Dificilísimo, espectacular, la mayoría no habríamos sido capaces ni de golpear a la pelota, le habríamos dado al aire. Pero el futbolista francés hizo una obra de arte.

De esta manera, el Real Madrid se adelantaba en el marcador, 2-1, justo antes del descanso.

EL RESULTADO

En el segundo tiempo, los alemanes apretaron mucho buscando el empate, pero Iker Casillas lo paró todo. El resultado final fue Real Madrid 2 – Bayer Leverkusen 1, y el equipo blanco ganó su novena Champions League.

ANÉCDOTAS

El impresionante gol de Zinedine Zidane es considerado por muchos expertos uno de los tantos más bonitos de la historia de la Champions League. Técnicamente, se trata de un gol dificilísimo de meter: rematar con tanta precisión un balón que viene sin fuerza, desde mucha altura y en una postura complicada solo está al alcance de los grandes genios. El periódico especializado *France Football*, por ejemplo, que es el que entrega los premios del Balón de Oro, hizo un *ranking* con los mejores goles de la historia de la Champions y eligieron este como el mejor.

Roberto Carlos, que fue quien lanzó el centro hacia el área —y que tiene muy buen humor— siempre se ha sentido orgulloso de haber participado en esa jugada. «El centro fue buenísimo, era medio gol», declaró en su día entre carcajadas.

El propio Zidane, por su parte, ha reconocido que ese gol «solo se mete una vez en la vida». Y él lo hizo en una final de la Champions.

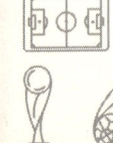
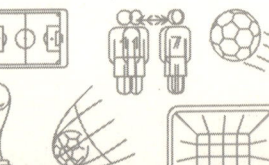

EL GOLAZO DE

DIEGO ARMANDO MARADONA

CUÁNDO
En junio de 1986.

DÓNDE
En el estadio Azteca
de Ciudad de México.

EL PARTIDO
Era un encuentro de cuartos
de final del Mundial de México 1986
entre Argentina e Inglaterra.

ASÍ FUE EL GOL

Se vivía la tensión de un duelo de cuartos de final de un Mundial entre dos equipos que aspiraban al título. Los defensas ingleses vigilaban especialmente a Maradona, porque sabían que era el mejor de su equipo, así que el jugador argentino a veces tenía que ir a buscar la pelota muy lejos de la portería contraria. En el minuto 10 de la segunda parte, Maradona recibió un pase corto de Héctor Enrique, todavía en su campo. Hizo una maniobra espectacular, pisando la pelota, para darse la vuelta y marcharse de dos contrarios. Ahí empezó una carrera hacia la portería contraria. Cómo

MARADONA

corría, el tío, a pesar de que era un jugador bajito y, aparentemente, un poco gordito. Quebró a un tercer defensor, luego a un cuarto, los jugadores de Inglaterra no sabían cómo quitarle la pelota, o cómo darle una patada para tirarlo al suelo, no había manera. Se metió en el área, regateó al portero y todavía consiguió marcar a pesar de un último intento de un defensa, que le dio un golpazo descomunal en el tobillo. Por fin le tiraron al suelo, pero Maradona ya había marcado el que se considera el mejor gol de la historia de los Mundiales de fútbol.

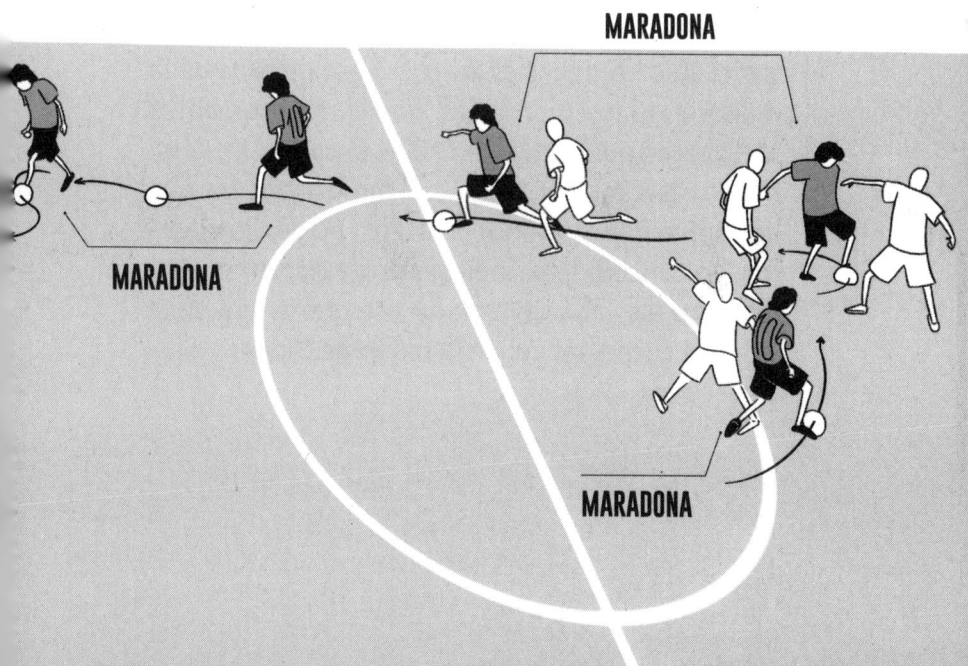

MARADONA

MARADONA

MARADONA

EL RESULTADO

Este gol fue el 2-0 para Argentina. El partido acabó 2-1 y la selección de Maradona se clasificó para las semifinales del Mundial, que acabó ganando unos días después.

ANÉCDOTAS

Cuando pocos minutos después de acabar el partido, los periodistas le pidieron unas declaraciones al protagonista de este golazo, Maradona dijo: «Quiero un sándwich de mortadela».

Por su parte, Héctor Enrique, que es quien pasó la pelota a Diego al inicio de la jugada, le dijo: «La mitad del mérito es mío, que con mi pase te he dejado solo». Los dos rieron la broma mientras disfrutaban de una victoria histórica.

 22

En ese partido Argentina-Inglaterra también se produjo otro de los goles más comentados de la historia de los mundiales. Pocos minutos antes del golazo que supuso el 2-0, el propio Maradona había marcado el 1-0, otro gol famosísimo porque lo marcó con la mano. El árbitro no se dio cuenta y lo concedió; los ingleses protestaron mucho, pero no les valió de nada. A ese primer gol se le conoce como «el gol de la mano de Dios».

EL GOLAZO DE

MOHAMED SALAH

CUÁNDO
En octubre de 2021.

DÓNDE
En el estadio Anfield
de Liverpool, Inglaterra.

EL PARTIDO
Se jugaba la 7ª jornada de
la Premier League de la temporada
2021-2022, el encuentro era
un Liverpool-Manchester City.

ASÍ FUE EL GOL

Se enfrentaban dos auténticos equipazos, el Liverpool y el Manchester City, que además eran los máximos favoritos para ganar la Premier League aquella temporada.

Fue un encuentro frenético, de ida y vuelta, con ocasiones para los dos equipos. En el minuto 31 de la segunda parte, y cuando el marcador señalaba un resultado de empate a uno, llegó la jugada más espectacular de aquel encuentro. El delantero egipcio del Liverpool Mohamed Salah, un jugador tremendamente técnico e imaginativo, recibió la pelota cerca del pico del área, en la banda derecha del ataque. Salah estaba de espaldas a la portería y rodeado por tres contrarios, pero

SALAH

controló la pelota perfectamente y con mucha habilidad y unos toquecitos de balón muy sutiles, se dio la vuelta y dejó atrás, de golpe, a Cancelo, Foden y Bernardo Silva.

El delantero del Liverpool entró en el área, amagó con irse hacia el centro pero recortó de golpe hacia fuera, lo que descolocó por completo a Laporte. Y con poco ángulo, desde el pico del área pequeña, chutó con la pierna derecha. El propio Laporte y Dias se lanzaron al suelo para intentar taponar el disparo, pero no lo consiguieron. La pelota fue cruzada y entró en la portería de Ederson tras tocar el poste.

EL RESULTADO

El golazo de Mohamed Salah ponía el 2-1 en el marcador. Pocos minutos después, el City volvió a igualar. El resultado final fue Liverpool 2 – Manchester City 2.

ANÉCDOTAS

Mohamed Salah es un mago del balón, y merece la pena ver muchísimos de los goles que ha metido a lo largo de su carrera. El que le metió al Manchester City es uno ellos. Otro de sus goles —que le metió al Everton unos años antes— fue elegido Premio Puskas 2018 por la FIFA.

La temporada 2021-2022 fue especialmente intensa en la Premier League. Mohamed Salah hizo un año espectacular y acabó como máximo goleador de la competición, con 23 tantos. Pero no fue suficiente para que el Liverpool ganase el título: tras una última jornada de infarto, el Manchester City se hizo con la Premier, con un punto de ventaja sobre el Liverpool.

El delantero egipcio es una de las estrellas históricas de su equipo. Con el Liverpool ha sido campeón de la Premier League y de la Champions League, y ha sido en tres ocasiones Bota de Oro —máximo goleador— de la liga inglesa.

EL GOLAZO DE

CRISTIANO RONALDO

CUÁNDO
En abril de 2018.

DÓNDE
En el Juventus
Stadium de Turín, Italia.

EL PARTIDO
Se jugaba la ida de los cuartos
de final de la Champions League
de la temporada 2017-2018,
Juventus-Real Madrid.

ASÍ FUE EL GOL

El Real Madrid había llegado al descanso del partido con ventaja de 0-1 en el campo de la Juventus, un resultado magnífico en un campo muy difícil. En el minuto 19 del segundo tiempo, la pelota llegó por la banda derecha a Carvajal. Desde la parte lateral del área, lanzó un centro hacia la zona del punto de penalti. Cristiano Ronaldo estaba más adelantado, así que tuvo que retroceder, dio tres o cuatro pasos, se elevó de espaldas a la portería y conectó una chilena espectacular, a más de dos metros de altura.

El remate del delantero portugués del Real Madrid fue directo a la portería, junto al poste

CARVAJAL

CRISTIANO

derecho. El portero italiano de la Juventus, Gianluigi Buffon, uno de los mejores guardametas de la historia, ni se movió. Quizá sorprendido por un remate tan espectacular como inesperado, se quedó haciendo la estatua y solo pudo aplaudir.

Cristiano Ronaldo ya había marcado el primer gol del Real Madrid en el primer tiempo, así que con este tanto redondeó una actuación espectacular y se ganó una tremenda ovación por parte del público italiano, que reconoció el partidazo del delantero portugués.

CARVAJAL

EL RESULTADO

El gol supuso el 0-2 para el Real Madrid, pero poco después llegó el tercero, que marcó Marcelo. El resultado final fue Juventus 0 – Real Madrid 3.

ANÉCDOTAS

A pesar de la abultada victoria del Real Madrid en este partido, en el encuentro de vuelta, el equipo blanco sufrió de lo lindo para clasificarse. La Juventus llegó a igualar la eliminatoria, se puso 0-3 en el Santiago Bernabéu. Un gol de penalti en el descuento del partido —de Cristiano Ronaldo, cómo no— supuso el 1-3 y el Madrid pasó a semifinales. Unas semanas después, el Real Madrid se proclamó campeón de esa Champions, tras derrotar en la final al Liverpool por 3-1.

Cristiano Ronaldo acabó la competición como máximo goleador. Además de los tres goles que le metió a la Juve —dos en el partido de ida y uno en el de vuelta— anotó otros 12, así que acabó con 15 goles.

Unos años después, curiosamente Cristiano fichó por la Juventus, quizá porque el equipo italiano quería contar con el jugador que les metió aquel golazo de chilena.

ZLATAN IBRAHIMOVIC

CUÁNDO
En noviembre de 2012.

DÓNDE
En el estadio Friends Arena
de Solna, Suecia.

EL PARTIDO
Fue un partido amistoso
entre las selecciones de Suecia
e Inglaterra.

ASÍ FUE EL GOL

Estaba siendo un partido muy entretenido, de ida y vuelta, con muchas ocasiones y goles, el resultado en ese momento era de 3-2 a favor de Suecia. Quedaba muy poco tiempo para que el encuentro terminase, ya se había cumplido el minuto 90. La jugada empezó con un pelotazo largo y muy bombeado que iba hacia el área de Inglaterra. Zlatan Ibrahimovic intentó alcanzarlo pero el portero inglés, Joe Hart, salió corriendo del área, llegó al balón antes que el delantero y despejó de cabeza. Ibrahimovic, que leyó muy bien la situación —es un tío muy listo—, dejó de correr y esperó para ver dónde caía el despeje del porte-

ro inglés. El caso es que ese despeje se quedó un poco corto, lo que permitió al delantero sueco retroceder unos pasos y, en postura acrobática y de espaldas a la portería, consiguió conectar un remate absolutamente inverosímil. La pelota voló hacia la portería, aprovechando que no estaba el portero, y aunque un defensa hizo un intento desesperado por salvar el gol, la pelota entró.

La postura de Ibrahimovic para rematar fue de locos, cualquier otro nos hubiéramos pegado una tremenda costalada, pero el sueco, que siempre fue un artista, hizo magia.

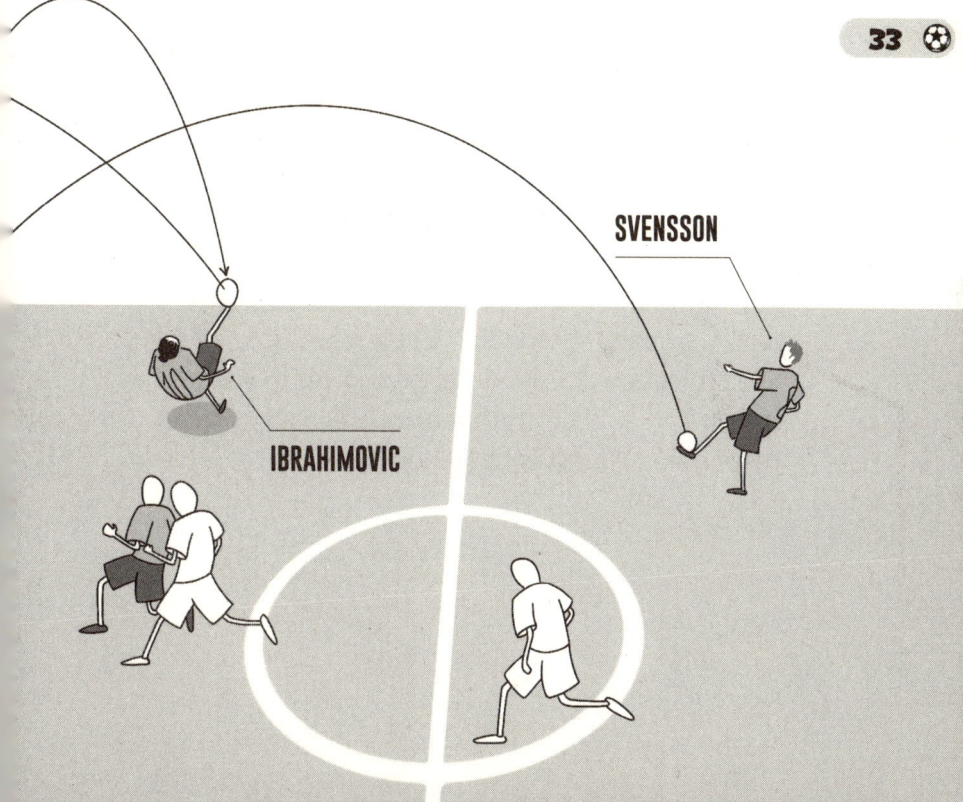

SVENSSON

IBRAHIMOVIC

EL RESULTADO

El gol fue el 4-2 para Suecia, ya en tiempo de descuento, así que no hubo más goles.

ANÉCDOTAS

Zlatan Ibrahimovic era un jugador alto y muy atlético: rápido, ágil, con un salto tremendo. Pero seguramente su capacidad para rematar en las posturas más extrañas tenía que ver con que era cinturón negro de taekwondo, una disciplina de lucha en la que se entrenan mucho los saltos y las patadas voladoras.

 34

Este jugador anotó muchos goles desde posiciones de lo más extrañas, a veces parecía más un acróbata de circo que un futbolista. Pero posiblemente, el gol que le metió a Inglaterra fue el más increíble de su carrera. De hecho, le concedieron el Premio Puskas al Mejor Gol del Año en 2013.

Además de por sus goles, el delantero sueco era conocido por su fortísima personalidad. Una vez, un periodista le preguntó si Suecia se iba a clasificar para el Mundial, y él le contestó. «Solo Dios lo sabe». Y cuando el periodista le volvió a preguntar: «¿Y cómo hablo con Dios?», Zlatan respondió: «Ya estás hablando con él».

EL GOLAZO DE

OLGA CARMONA

CUÁNDO
En agosto de 2023.

DÓNDE
En el Stadium Australia
de Sídney, Australia.

EL PARTIDO
La final de la Copa Mundial
Femenina de Fútbol 2023
entre las selecciones de España
y de Inglaterra.

ASÍ FUE EL GOL

España estaba jugando un gran partido en la final del Mundial femenino contra Inglaterra. En el minuto 29 del primer tiempo, todavía con 0-0 en el marcador, entre Aitana Bonmatí y Tere Abelleira robaron un balón en el centro del campo. La propia Tere se hizo con la pelota y cambió el juego con un pase largo hacia la banda izquierda, donde recibió Mariona Caldentey.

Mariona controló la pelota y la retuvo unos segundos mientras esperaba a que por su izquierda le doblase Olga Carmona, que entraba como una

MARIONA

flecha. En el momento exacto, dio el pase adelantado. Olga Carmona entró en el área, acomodó sus zancadas para llegar en perfectas condiciones al balón y, de primeras, chutó con la pierna izquierda, raso, y metió el balón junto al segundo palo. La portera inglesa, Mary Earps —que fue elegida mejor portera del Mundial—, se tiró bien, pero no pudo evitar que la pelota entrase. Ese balón iba perfecto, ajustadísimo.

Golazo de Olga Carmona y España se adelantaba en el marcador, 1-0.

CARMONA

EL RESULTADO

Hubo muchas ocasiones para ambos equipos, pero el partido acabó con ese resultado de España 1 – Inglaterra 0, y proclamando a España campeona del mundo.

ANÉCDOTAS

El golazo de Olga Carmona es el más importante de la historia del fútbol femenino español, porque convirtió a nuestra selección en campeona del mundo por primera vez. La jugadora sevillana ya había marcado otro gol decisivo en semifinales: a falta de un minuto para el final del partido contra Suecia, y con 1-1 en el marcador, se sacó un trallazo desde el borde del área que entró en la portería tras tocar en el larguero. Ese tanto clasificó a España para la final.

El día de la final del Mundial se convirtió, al mismo tiempo, en el día más feliz y más triste de la vida de Olga: por un lado, su histórico gol dio la Copa del Mundo a España; por otro, nada más acabar el partido, la jugadora se enteró de que su padre había fallecido un día antes. Su familia no se lo quiso decir hasta después de la final para no descentrarla en el partido más importante de su vida.

Olga Carmona es historia del fútbol español.

EL GOLAZO DE

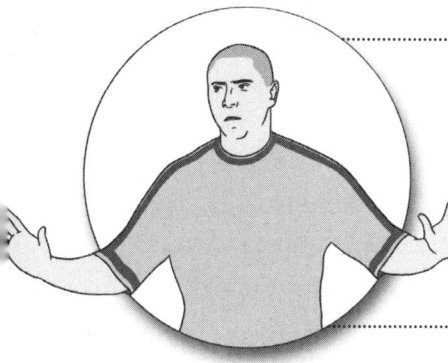

ROBERTO CARLOS

CUÁNDO
En junio de 1997.

DÓNDE
Estadio Gerland de Lyon, Francia.

EL PARTIDO
Fue un amistoso entre dos de las selecciones nacionales más potentes del mundo, Francia y Brasil.

ASÍ FUE EL GOL

Aunque era un partido amistoso, se trataba de un encuentro muy prestigioso, entre Francia y Brasil, así que los dos equipos se lo estaban tomando muy en serio. Corría el minuto 20 de la primera parte, cuando el delantero brasileño Ronaldo Nazario intentó hacer una jugada individual y fue obstaculizado por dos defensas franceses. No está claro si fue falta o no, pero eso no es lo más importante, el caso es que el árbitro sí consideró que era falta y la pitó.

Roberto Carlos, uno de los defensas más goleadores de la historia, era el encargado de lanzar las faltas en aquella selección de Brasil. Era un disparo lejano, a unos 35 metros de la portería, muy pocos jugadores se habrían atrevido a chutar desde tan lejos. Pero él lo tuvo claro. Colocó el balón con mucho cuidado y observó que la barrera protegía el lado derecho de la portería y que quedaba libre el lado izquierdo, que es donde se colocó el portero francés, Fabian Barthez. El brasileño cogió mucha carrerilla, casi 20 pasos, y descerrajó un trallazo impresionante. El balón pasó por la derecha de la barrera y se iba a marchar 10 o 15 metros fuera de la portería... pero cogió un efecto diabólico hacia la izquierda y entró en la portería. El portero francés se quedó haciendo la estatua: era impensable que esa pelota pudiera acabar en gol.

R. CARLOS

EL RESULTADO

El gol de Roberto Carlos supuso el 0-1 en ese momento para Brasil. En el segundo tiempo, los franceses empataron. El resultado final fue Francia 1 – Brasil 1.

ANÉCDOTAS

Este gol de Roberto Carlos está considerado por muchos aficionados como el mejor gol de falta directa de la historia del fútbol. Existen vídeos y hay que ver la repetición desde diferentes ángulos para entender la trayectoria que dibujó la pelota. Ese disparo fue denominado la bomba inteligente, parecía que la pelota tenía vida propia.

Se hicieron incluso estudios científicos para comprender cómo fue posible que el balón fuese tan fuerte —se calcula que a casi 140 kilómetros por hora— y con tanto efecto. Si ese chut hubiese ido recto, habría salido a 10 o 15 metros de la portería, por eso todo el mundo pensó que ese balón iba fuera. El propio portero francés reconoció que cuando vio salir la pelota del pie de Roberto Carlos, pensó que «ese tiro acabaría en la luna».

Roberto Carlos, que tenía un cañón en la pierna izquierda, cuando iba a tirar colocaba el balón con mucho cuidado para asegurarse de que la válvula coincidiese con el punto de golpeo, y así conseguir el máximo efecto posible.

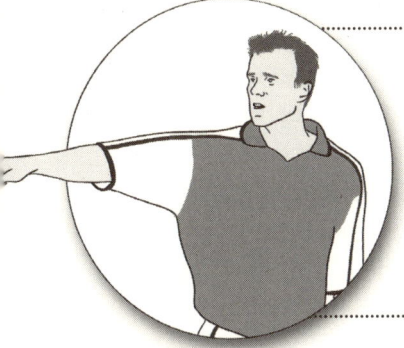

EL GOLAZO DE

DENNIS BERGKAMP

CUÁNDO
En marzo de 2002.

DÓNDE
Estadio Saint James' Park
de Newcastle, Inglaterra.

EL PARTIDO
Fue un partido de la Premier
League —la Liga inglesa— entre
el Newcastle United y el Arsenal.

ASÍ FUE EL GOL

Se disputaba la 28ª jornada de la Premier League de la temporada 2001-2002 y el partido era muy importante: el Newcastle United, el equipo local, iba tercero en la clasificación y el Arsenal, el visitante, iba segundo. Así que los dos equipos se jugaban mucho.

En el minuto 7 de partido, el centrocampista del Arsenal Robert Pires avanzaba con la pelota por la banda izquierda cuando vio el desmarque de Dennis Bergkamp, justo al borde del área. Así que le lanzó un pase raso.

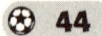

 44

PIRÈS

Bergkamp recibió de espaldas a la portería y con un defensa detrás de él, y lo que hizo, al primer toque, fue un control orientado hacia su espalda que dejó totalmente descolocado al defensa: el balón pasó por la izquierda del defensa y Bergkamp le adelantó por la derecha, se plantó delante del portero, acomodó el cuerpo perfectamente y cruzó la pelota al palo derecho, con suavidad y mucha clase.

Han pasado muchos años desde que el delantero del Arsenal marcó ese golazo, y se rumorea que el defensa todavía sigue buscándole.

BERGKAMP

EL RESULTADO

El gol de Bergkamp supuso el 0-1, pero el Arsenal marcó después un segundo gol y se llevó el partido y los tres puntos. Newcastle 0 – Arsenal 2.

ANÉCDOTAS

Lo que hizo Bergkamp en el estadio del Newcastle fue una auténtica obra de arte, una genialidad al alcance de muy pocos jugadores. El propio entrenador del Arsenal, el histórico Arsene Wenger, les dijo a los periodistas al acabar el partido: «No veréis muchos goles como ese en vuestra vida, ha sido increíble». Por cierto, el Arsenal acabó ganando la Premier League ese año.

 46

Este delantero holandés ha sido uno de los jugadores con más talento de la historia. Tenía un problema: le daba pánico volar, así que era imposible meterle en un avión. Cuando fichó por el Arsenal, equipo en el que militó durante 11 temporadas, su contrato incluyó una cláusula para liberarle de jugar los partidos a los que el equipo viajara en avión, algo que ocurría muy a menudo en competición europea, porque el Arsenal es un equipo inglés, y los viajes a Europa continental no se podían hacer por carretera, claro...

EL GOLAZO DE

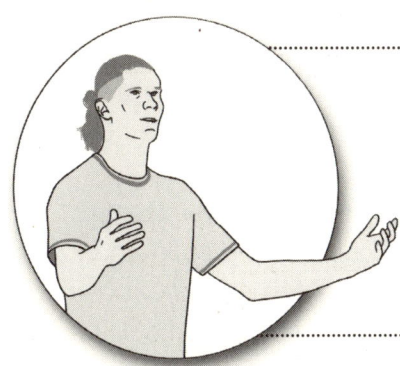

ERLING HAALAND

CUÁNDO

En septiembre de 2022.

DÓNDE

En el Etihad Stadium de Manchester, Inglaterra.

EL PARTIDO

Fue un encuentro de la fase de grupos de la Champions League 2022-2023 que disputaron el Manchester City y el Borussia Dortmund.

ASÍ FUE EL GOL

Estaba siendo un encuentro vistoso y entretenido entre dos grandes equipos. El Borussia Dortmund se había adelantado en el marcador y, a falta de 10 minutos, el Manchester City había empatado. El resultado era de 1-1 y quedaba poco para acabar el partido.

El equipo local, el City, apretaba para intentar llevarse el encuentro. La jugada comenzó en el centro del campo y el balón llegó a Joao Cancelo, cerca del área, ligeramente escorado hacia la banda izquierda. Cancelo lanzó un centro con el exterior del pie derecho, que hizo que el balón co-

HAALAND

CANCELO

giera mucho efecto. En la zona de remate estaba el peligrosísimo Erling Haaland.

El balón parecía adecuado para rematar de cabeza, pero en lugar de eso, el delantero noruego dio un salto espectacular para llegar con su pie izquierdo a la altura del balón. En una posición complicadísima, consiguió conectar un remate potente y a muy poca distancia de la portería, y marcar el 2-1.

Tanto el centro de Cancelo como el remate de Haaland fueron toques de una técnica y una precisión exquisitas, solo al alcance de jugadores de clase mundial, como es el caso de los dos protagonistas de la jugada. El gol fue espectacular.

EL RESULTADO

El golazo de Erling Haaland a falta de seis minutos para el final del partido fue el gol definitivo: Manchester City 2 – Borussia Dortmund 1.

ANÉCDOTAS

A pesar de la importancia del gol, el delantero noruego no lo celebró demasiado, e incluso pidió disculpas a la afición del Dortmund, porque es el equipo en el que él jugó antes de fichar por el Manchester City.

50

El Manchester City acabó primero en la fase de grupos, y después fue eliminando sucesivamente al Leipzig en octavos de final —con cinco goles de Haaland en el partido de vuelta, que acabó 7-0—; al Bayern de Múnich en cuartos —con dos goles del noruego—; y al Real Madrid en semifinales.

En la final, jugada en el estadio olímpico de Ataturk, en Estambul, el City derrotó al Inter de Milán y logró su primer título de campeón de la Champions League de su historia.

Erling Haaland fue, además, máximo goleador del torneo, con 12 tantos.

EL GOLAZO DE

GEORGE WEAH

CUÁNDO
En septiembre de 1996.

DÓNDE
En el estadio de San Siro
de Milán, Italia.

EL PARTIDO
Fue el primer partido de la Liga
italiana de la temporada 1996-1997
entre el Milan y el Verona.

ASÍ FUE EL GOL

El Milan iba ganando 2-1 y el Verona presionaba para tratar de empatar el encuentro. A falta de cinco minutos para acabar el partido, el Verona tenía un córner a su favor. El centro al área salió un poco pasado y Weah, que era delantero pero que estaba en su área para ayudar a defender, controló el balón. Y entonces empezó a correr en dirección al campo contrario.

Era un jugador rapidísimo y muy potente, así que empezó a dejar atrás a sus contrarios. Justo al pasar el medio del campo, dos jugadores del Verona se le echaron encima, y uno de ellos se lanzó al suelo y consiguió tocar la pelota; tras

 52

WEAH

un rebote con un poco de suerte, Weah dio una vuelta sobre sí mismo, consiguió rebañar el balón y continuar su carrera hacia la portería. Le salió al paso otro defensa, pero le tiró la pelota por la derecha y él pasó por la izquierda, así que superó al defensor con mucha facilidad. Después de una carrera de más de 70 metros, entró en el área y conectó un derechazo raso y cruzado que se coló junto al poste.

En total, pasaron unos 15 segundos desde que George Weah cogió el balón en su propia área y, tras cruzarse el campo, batió al portero contrario. Impresionante.

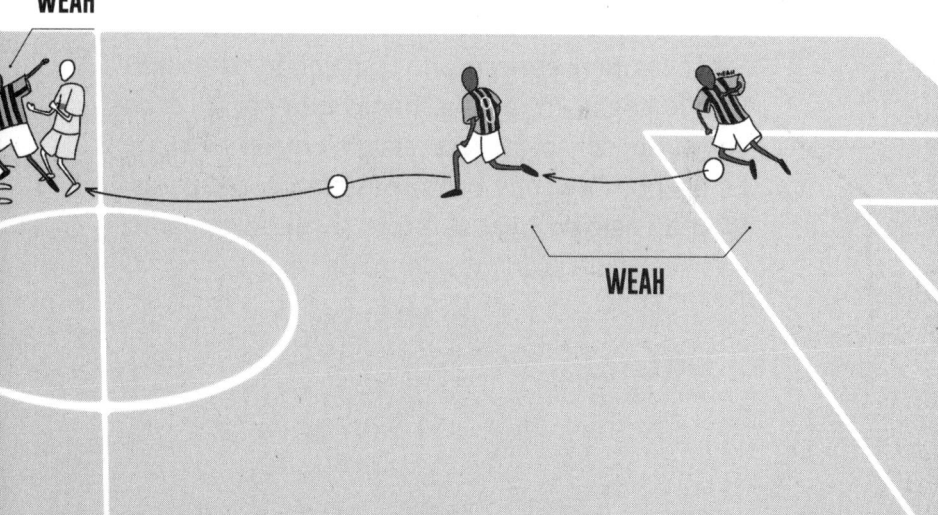

WEAH

WEAH

EL RESULTADO

El gol de Weah fue el 3-1, pero su equipo todavía marcó un gol más. El resultado final fue Milan 4 – Verona 1.

ANÉCDOTAS

George Weah fue un delantero muy potente, rápido y con un fantástico disparo. Jugó la mayor parte de su carrera en Europa, trece años —en Francia, Italia e Inglaterra—, y deslumbró por su enorme calidad. El jugador, nacido en Liberia, ha sido el único futbolista africano de la historia que ha ganado el Balón de Oro: lo obtuvo en 1995.

 54

Weah reconoce que cuando era niño, veía muchos partidos de la Liga italiana en la tele, y que su equipo favorito era la Juventus de Turín. «Luego jugué en el Milan, este equipo me lo dio todo, pero sigo siendo hincha de la Juve».

Siempre fue muy trabajador y un ejemplo para los chavales jóvenes, tenía claro que para hacer las cosas bien, es necesario trabajar duro. «Hagas lo que hagas en la vida, tienes que hacerlo con compromiso y perseverancia», ha dicho siempre. Es un hombre muy comprometido con su país. Cuando dejó de jugar al fútbol se metió en política y se convirtió en presidente de Liberia.

EL GOLAZO DE

RIVALDO

CUÁNDO
En junio de 2001.

DÓNDE
Camp Nou de Barcelona,
España.

EL PARTIDO
Liga española, última jornada
de la temporada 2000-2001
entre el Barcelona y el Valencia.

ASÍ FUE EL GOL

Se disputaba el último partido de la Liga 2000-2001, y había mucho en juego. En aquel momento, el Valencia era 4º en la clasificación, lo que daba derecho a jugar la Champions League de la siguiente temporada; y el Barcelona era 5º, a tres puntos de distancia. Así que al Barça solo le valía ganar el partido para arrebatarle el cuarto puesto al Valencia.

El partido fue vibrante, igualadísimo, espectacular, con muchas ocasiones en las dos porterías. Se llegaba a los minutos finales con empate a dos, un resultado que favorecía al Valencia. A falta de dos minutos para acabar el partido,

DE BOER

el centrocampista del Barcelona Frank de Boer avanzaba con la pelota por el centro del campo y centró hacia la zona del borde del área, donde estaba Rivaldo, rodeado de defensas contrarios.

El delantero brasileño paró la pelota con el pecho, de espaldas a la portería, y sin dar tiempo a los defensas a acercarse a él, hizo una chilena desde allí mismo, justo en el borde del área, que entró junto al palo derecho, sin que el portero del Valencia, Santi Cañizares, pudiera evitar el golazo. Fue una locura de gol.

RIVALDO

EL RESULTADO

El gol de Rivaldo fue el 3-2 definitivo, con el que el Barcelona ganó el partido y logró la cuarta plaza en la clasificación, que le permitió clasificarse para la Champions League de la temporada siguiente. Barcelona 3 – Valencia 2.

ANÉCDOTAS

En el partido contra el Valencia, Rivaldo no solo metió este auténtico golazo, tan importante, de chilena y a falta de dos minutos, es que también marcó los dos primeros tantos de su equipo. Sí, logró un hat-trick cuando su equipo más lo necesitaba. Los tres goles que marcó ese día fueron espectaculares: el primero de falta directa; el segundo de tiro lejano tras dos amagos para quitarse a los defensas de encima; y el tercero, el que hemos contado, que fue el mejor de todos.

El delantero brasileño Rivaldo era un artista, un verdadero fenómeno, con mucha facilidad para marcar goles. Fue elegido Balón de Oro —mejor jugador del mundo— en 1999; con la selección de Brasil fue campeón del mundo (2002), y de la Copa América (1999); ganó la Champions con el Milan (2003); y logró diversos títulos nacionales en los países en los que jugó: Brasil, España, Italia, Grecia y Uzbekistán.

58

EL GOLAZO DE

GARETH BALE

CUÁNDO
En mayo de 2018.

DÓNDE
En el estadio olímpico NSC
de Kiev, Ucrania.

EL PARTIDO
Fue la final de la Champions
League de la temporada 2017-2018
que disputaron el Real Madrid
y el Liverpool.

ASÍ FUE EL GOL

Se jugaba el minuto 19 del segundo tiempo y eran momentos delicados para el Real Madrid porque el Liverpool acababa de empatar a uno.

El equipo blanco elaboró una jugada por la banda izquierda, le estaba costando encontrar huecos para romper la defensa de los ingleses. El balón llegó a Marcelo, que estaba junto a la línea de banda. Amagó con centrar con la pierna derecha pero, como le tapaba un jugador del Liverpool, recortó hacia atrás y finalmente puso la pelota en el área con la pierna derecha. El centro le salió un poco retrasado, imposible para

MARCELO

que ningún compañero pudiera rematar de cabeza. Gareth Bale se dio cuenta, se frenó en seco, giró hacia atrás y, de espaldas a la portería, hizo una chilena espectacular: remató con la pierna izquierda en una posición dificilísima. El balón entró por la mismísima escuadra de Karius, el portero del Liverpool, que se estiró todo lo que pudo pero no logró hacer nada para evitar un tanto antológico.

El Real Madrid volvía a ponerse por delante, por 2-1, aunque todavía quedaban más de 25 minutos por jugar.

BALE

EL RESULTADO

El Madrid marcó un tercer gol en el minuto 83 que aseguró su victoria en esta final. El resultado del partido fue Real Madrid 3 – Liverpool 1.

ANÉCDOTAS

Cuando al acabar el partido, un periodista preguntó a Bale si era el mejor gol de su carrera, no tuvo ninguna duda: «Sí, es el mejor gol de mi carrera y, además, en la competición más importante. Marcar un gol así es un sueño hecho realidad».

 62

El delantero galés anotó dos goles en esta final. El segundo, fue un tiro lejano que parecía sencillo de parar, pero que se tragó el portero alemán del Liverpool Loris Karius. Este pobre ya la había liado en el primer gol del Madrid: intentó sacar con la mano para enviar la pelota a un compañero, pero Benzema metió la pierna justo en el momento exacto para que el balón le rebotase en el pie y se metiera en la portería contraria. Fue uno de los goles más absurdos que se han visto en una final de Champions.

En Liverpool no tienen muy buen recuerdo de la actuación de su portero en la final de la Champions de 2018.

EL GOLAZO DE

LIONEL MESSI

CUÁNDO
En abril de 2007.

DÓNDE
En el Camp Nou de Barcelona, España.

EL PARTIDO
Se jugaba el partido de ida de las semifinales de la Copa del Rey de la temporada 2006-2007 entre el Barcelona y el Getafe.

ASÍ FUE EL GOL

El Barcelona estaba dominando el partido y jugando con velocidad. Cuando estaba a punto de cumplirse la media hora de juego, Xavi Hernández entregó la pelota a Leo Messi, que recibió pegado a la banda derecha, a la altura del centro del campo. El delantero argentino controló la pelota y en un gesto rapidísimo, regateó al primer defensa que se le echaba encima y después le tiró un caño al segundo defensa que intentó pararle. Ahí empezó una galopada rapidísima, que inició en su propio terreno de juego, cruzó la línea central y empezó a acercarse al área contraria, sin que los jugadores que le perseguían le pudieran alcanzar.

 64

MESSI

Ya en el borde del área, le salieron al paso otros dos jugadores del Getafe, pero Messi hizo un zig-zag espectacular, primero hacia la izquierda y después hacia la derecha, y dejó a los dos clavados, para plantarse delante de Luis García, el portero visitante. Messi amagó con chutar con la pierna izquierda, pero recortó hacia la derecha una vez más y dribló al portero, y con la pierna derecha, y con poco ángulo, picó un poquito el balón para evitar que el último defensa del Getafe, que se lanzó al suelo, pudiese evitar el gol.

Fue el 2-0, un golazo de bandera, quizás el gol más espectacular que ha marcado Messi con el Barcelona.

MESSI

MESSI

MESSI

EL RESULTADO

Fue un partido con muchas oportunidades y muchos goles, muy entretenido para los espectadores. El resultado final fue Barcelona 5 – Getafe 2.

ANÉCDOTAS

Messi tenía solo diecinueve años cuando anotó este golazo, pero ya se sabía que iba a ser una de las grandes estrellas del fútbol mundial. Tardó unos 12 segundos desde que recibió el balón hasta que marcó el gol, después de una carrera de algo más de 50 metros en la que dejó en el camino a cinco jugadores contrarios. «Vi el espacio, tenía hueco y me fui para adelante. Estuve bien. Encaré y definí —explicó el astro argentino a los periodistas—. El gol es similar al de Maradona [el que le metió a Inglaterra en el Mundial de México], pero no me puedo comparar con él».

El partido acabó 5-2 para el Barcelona, que con ese resultado tenía prácticamente asegurado el pase a la final de Copa. Sorprendentemente, en el partido de vuelta el Getafe ganó... ¡4-0! Así que el equipo madrileño eliminó al Barça y fue quien jugó la final.

EL GOLAZO DE

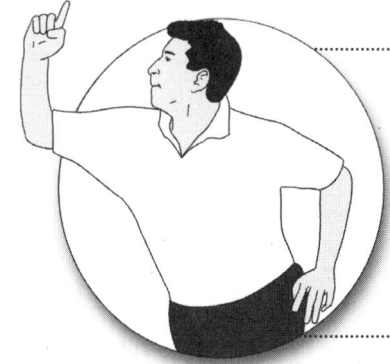

NAYIM

CUÁNDO
En mayo de 1995.

DÓNDE
En el estadio Parque de
los Príncipes de París, Francia.

EL PARTIDO
Fue la final de la Recopa de Europa
de la temporada 1994-1995,
que jugaron el Real Zaragoza
y el Arsenal de Inglaterra.

ASÍ FUE EL GOL

El partido había estado muy igualado. Se adelantó el Real Zaragoza en el minuto 68 pero el Arsenal empató en el minuto 77. Así que los primeros 90 minutos finalizaron con empate a uno y hubo que ir a la prórroga.

Estaba acabando la prórroga y andaban los jugadores ya muy cansados, todo el mundo daba por hecho que el título se iba a decidir en los penaltis. Cuando quedaba un minuto, se produjo un saque de puerta para el Zaragoza. El portero, Cedrún, que estaba tan fundido como los demás, se lo tomó con calma para sacar, tampoco tenía prisa. Y decidió sacar con el pie, en largo.

El balón llegó al campo contrario y un defensa del Arsenal lo despejó de cabeza, hacia la banda, muy cerca del centro del campo. Allí estaba Nayim, que paró la pelota con el pecho, la dejó botar y, sin pensárselo y a casi 50 metros de la portería contraria, pegó un voleón con la pierna derecha. «¿Pero qué hace este tío?», pensamos todos. Sin embargo, enseguida se vio que el balón iba bien dirigido hacia la portería contraria. El portero inglés, Seaman, empezó a correr para atrás, e intentó sacar el balón con los brazos pero lo único que consiguió fue caerse de culo. El balón entró y el Zaragoza lo celebró por todo lo alto.

NAYIM

EL RESULTADO

No hubo tiempo para más. Ese gol, con el tiempo prácticamente cumplido, dio el título de la Recopa al Zaragoza. Real Zaragoza 2 – Arsenal 1.

ANÉCDOTAS

La Recopa de Europa es una competición que ya no existe. La disputaba el campeón de la Copa de cada país, y tenía mucho prestigio. El Real Zaragoza la jugó porque el año anterior, en 1994, ganó la Copa del Rey en España, se impuso en la final al Celta de Vigo por penaltis.

En aquellos años, el Zaragoza era uno de los mejores equipos de España, solía quedar entre los cinco primeros en Liga. El título de la Recopa de Europa es el más importante de su historia.

En cuanto a Nayim, fue un futbolista de una enorme clase. Era centrocampista, se formó en las categorías inferiores del Barcelona y luego triunfó en Inglaterra, en las filas del Tottenham, y después en España, en el Zaragoza.

Curiosamente, en Inglaterra se hizo famoso por sus excelentes actuaciones contra el Arsenal, que era el gran rival del Tottenham. Y en la final de la Recopa, volvió a brillar contra su rival favorito.

EL GOLAZO DE

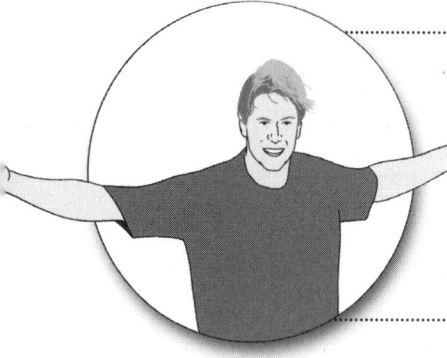

FERNANDO TORRES

CUÁNDO
En junio de 2008.

DÓNDE
En el estadio Ernst Happel de Viena, Austria.

EL PARTIDO
Fue la final de la Eurocopa de 2008, España-Alemania. Aquella competición se disputó en dos países, Austria y Suiza, y la final se jugó en Austria.

ASÍ FUE EL GOL

España jugaba la final de una Eurocopa por segunda vez en su historia, y se medía a Alemania. Nuestra selección, entrenada por Luis Aragonés, movía la pelota muy rápido, aprovechando que tenía jugadores muy técnicos: controlábamos los partidos y apenas dejábamos jugar a los equipos contrarios. Pero una final es un partido con muchos nervios y no es fácil hacer ocasiones de gol.

Poco después de la media hora del primer tiempo, en una combinación en el centro del campo, el balón llegó a Xavi Hernández, un futbolista que tenía un radar en la cabeza. Xavi giró la ca-

TORRES

TORRES

beza y vio que Fernando Torres iba a intentar desmarcarse. Casi no había hueco para dar el pase, pero Xavi metió un balón milimétrico.

El defensa alemán Philipp Lahm se adelantó a Torres, pero el delantero español, muy hábil y muchísimo más rápido, le pasó por la derecha y llegó al balón con el tiempo justo para picarlo ligeramente por encima del portero, el gigante Jens Lehmann, que había salido de la portería.

Golazo de *killer* que, además, fue uno de los más importantes de la historia de la selección española de fútbol.

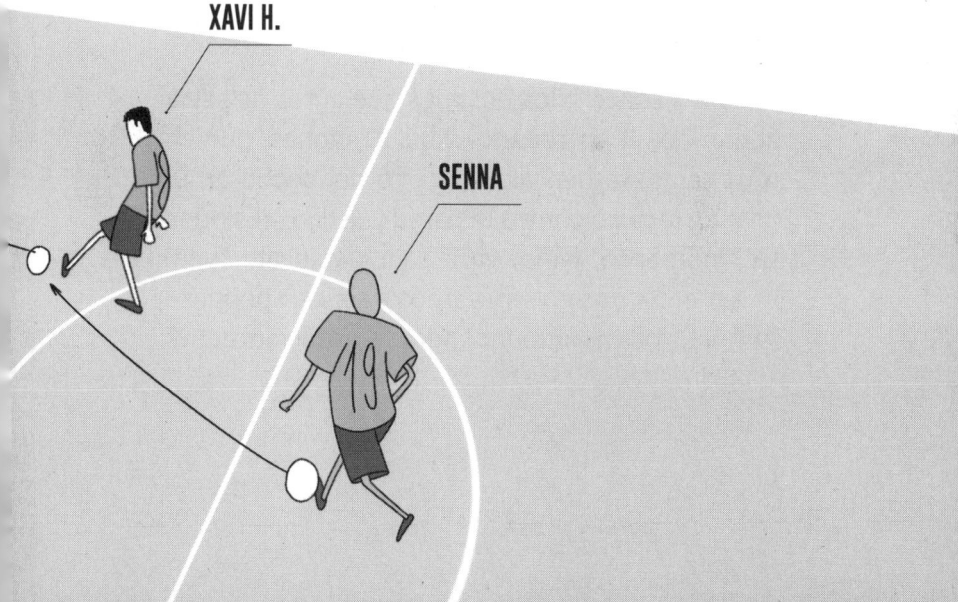

XAVI H.

SENNA

EL RESULTADO

El gol de Torres fue el único del partido y dio a España el título de campeón de Europa. España 1 – Alemania 0.

ANÉCDOTAS

El gol de Torres, apodado el Niño porque empezó a jugar muy joven —con diecisiete años— en el Atlético de Madrid, cambió la historia del fútbol español. Hasta ese día, la selección solo tenía un gran título internacional: la Eurocopa de 1964, que se jugó en España. Pero desde entonces, habían pasado más de cuarenta años sin levantar ninguna copa, algo que era raro, porque la Liga española es una de las más fuertes del mundo. Con el triunfo en la Eurocopa de 2008 se inició una etapa gloriosa para España, que ganó después el Mundial de 2010 y la Eurocopa de 2012, es decir, que enlazó tres grandes competiciones de manera consecutiva.

Torres contó años después que antes de saltar al campo, el entrenador, Luis Aragonés, que era muy temperamental, le agarró del pecho en un pasillo, le puso contra la pared y le dijo: «Es nuestro momento, Niño, va a salir usted ahí fuera, va a marcar dos goles y vamos a ser campeones». Al final, solo marcó uno, pero fue suficiente.

EL GOLAZO DE

RONALDINHO

CUÁNDO
En septiembre de 2003.

DÓNDE
En el Camp Nou de Barcelona, España.

EL PARTIDO
Fue un encuentro de la Liga española, la segunda jornada de la temporada 2003-2004, entre el Barcelona y el Sevilla.

ASÍ FUE EL GOL

El partido, muy entretenido, estaba ya en la segunda parte. El resultado en ese momento era de 0-1 para el Sevilla, que se había adelantado en el marcador en el primer tiempo, con un gol de penalti de José Antonio Reyes. En el minuto 13 del segundo tiempo, el portero del Barça, Víctor Valdés, detuvo un disparo del propio Reyes y rápidamente sacó en largo con la mano. El balón lo recibió Ronaldinho en la banda izquierda, todavía en su propio campo, y empezó a correr como una bala hacia la portería del Sevilla.

Con un quiebro espectacular superó al primer jugador sevillista que intentó frenarle; con un se-

RONALDINHO

RONALDINHO

RONALDINHO

gundo quiebro más espectacular todavía, se fue de otro defensor y siguió avanzando a toda velocidad. Y desde 25 metros, sacudió un zapatazo impresionante con la pierna derecha que entró como un obús en la portería tras pegar en el larguero.

Fue un golazo tremendo que suponía el empate a uno, y el premio al partidazo que estaba haciendo Ronaldinho, que se pasó todo el partido haciendo buenas jugadas, dando pases a los compañeros y manejando las acciones de ataque del Barça.

EL RESULTADO

Después del gol de Ronaldinho, los dos equipos tuvieron ocasiones, pero el marcador ya no se movió más: Barcelona 1 – Sevilla 1.

ANÉCDOTAS

Ese partido fue el debut de Ronaldinho en partido oficial ante su afición. Era la 2ª jornada de la Liga, pero en la 1ª el equipo había jugado fuera de casa, en Bilbao. Así que el futbolista jugaba por primera vez en el Camp Nou y anotó su primer gol oficial con el Barcelona. Empezó así una etapa muy exitosa en el equipo azulgrana.

 **78**

Aquel encuentro, además, fue famoso por la discusión entre el Barcelona y el Sevilla sobre si el partido debía jugarse un martes —que es cuando quería jugar el Barça— o un miércoles —que es lo que quería el Sevilla—. Así que se tomó una decisión peculiar: el partido se jugó a las 00:05 de la noche. Es decir, que era un martes por la noche, pero en realidad ya era miércoles porque se había superado la media noche. El encuentro fue bautizado como El partido del gazpacho, porque para evitar que la gente se quedara en casa —el partido era tardísimo— se invitó a gazpacho a todos los aficionados que fueron al estadio.

MIKEL SAN JOSÉ

CUÁNDO
En agosto de 2015.

DÓNDE
En el estadio de San Mamés, de Bilbao, España.

EL PARTIDO
Fue el partido de ida de la Supercopa de España, entre el Athletic Club de Bilbao y el Barcelona.

ASÍ FUE EL GOL

El partido estaba todavía en su primer cuarto de hora. El Athletic, que era el equipo local, empujaba en esos primeros minutos para intentar sorprender al Barcelona, que era el claro favorito para llevarse el título. El público gritaba y cantaba para tratar de llevar en volandas a los suyos, San Mamés era una olla a presión, el ambiente era espectacular.

En el minuto 12 de partido, el portero del Athletic, Gorka Iraizoz, sacó con el pie en largo desde su área. Pero la pegó tan fuerte que el balón voló directamente hacia el borde del área contraria. Allí estaba Ter Stegen, el guardameta del Barça,

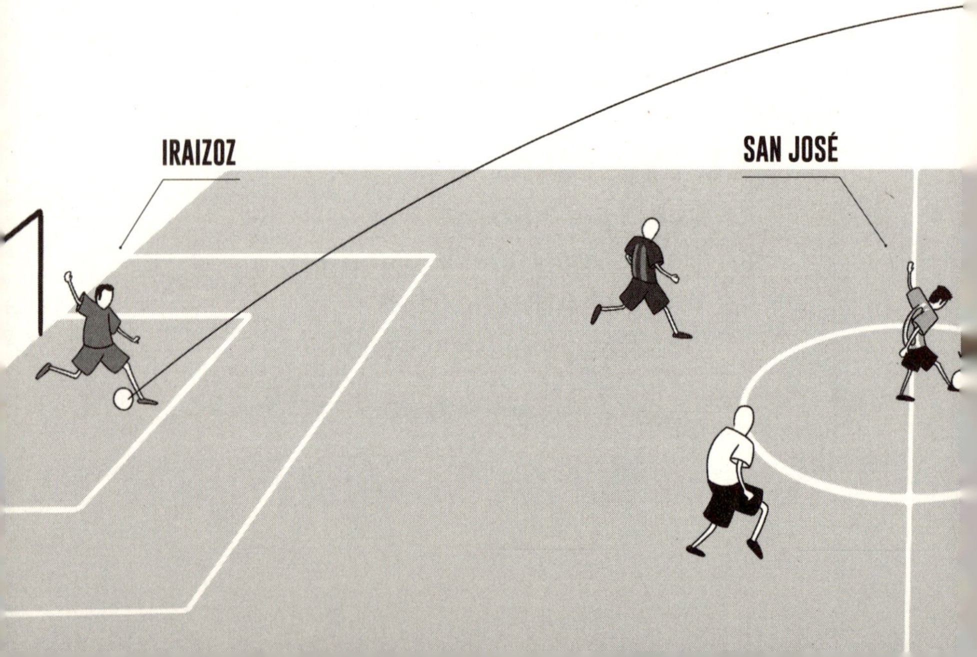

IRAIZOZ

SAN JOSÉ

un poco adelantado. Así que en lugar de dejar que el balón llegara a su área para cogerlo con las manos, decidió despejar de cabeza y devolvió la pelota a la zona del centro del campo.

El centrocampista del Athletic Mikel San José vio llegar el balón, lo paró con el pie y, a continuación, pegó un zapatazo desde el mismo círculo central que superó por encima al portero, que se había quedado descolocado al borde del área, y entró como un obús en la portería del Barça.

Fue un auténtico golazo, pleno de técnica y potencia. Éxtasis en Bilbao y vaya carita que se le quedó a Ter Stegen, que no se lo podía creer. Era el 1-0.

EL RESULTADO

El tanto de San José fue el 1-0, pero el partido no había hecho más que empezar. El Athletic fue un rodillo y acabó ganando el partido por goleada: Athletic 4 – Barcelona 0.

ANÉCDOTAS

En 2015, la Supercopa de España la jugaban el campeón de Liga contra el campeón de Copa. Pero se dio la circunstancia de que el Barcelona había ganado las dos competiciones, así que el reglamento establecía que entonces era el sub-campeón de Copa el que disputaba la Supercopa. Por eso el Athletic tuvo la oportunidad de jugar esta competición.

 82

El golazo que se recuerda fue el de San José, una obra de arte. Sin embargo, el otro gran héroe de los rojiblancos fue Artiz Aduriz: marcó los otros tres goles del Athletic ese día y firmó un espectacular hat-trick. En el partido de vuelta, el resultado fue de 1-1. Y el gol del Athletic también fue de Aduriz. Así que el Athletic, que jugaba de invitado esta competición, se llevó el trofeo por un resultado global de 5-1. Y de esos cinco goles, cuatro fueron de Aduriz y uno, el más bonito, de San José.

EL GOLAZO DE

RAÚL

CUÁNDO
En diciembre de 1998.

DÓNDE
En el National Stadium de Tokio, Japón.

EL PARTIDO
Fue la final de la Copa Intercontinental, que enfrentaba al campeón de la Copa de Europa, el Real Madrid, contra el campeón de la Copa Libertadores, el Vasco da Gama de Brasil.

ASÍ FUE EL GOL

El partido iba empate a uno y quedaban poco más de cinco minutos para el final, o marcaba uno de los dos equipos, o había que jugar una prórroga. Eran minutos complicados para el Real Madrid, porque el equipo brasileño estaba dominando y acercándose con peligro al área madridista.

De repente, Clarence Seedorf se inventó un pase magistral, desde el centro del campo, puso un balón largo en profundidad buscando a Raúl.

La primera maravilla de Raúl fue el control del balón, que venía volando desde unos 40 metros de distancia. El delantero del Real Madrid, en

RAÚL

RAÚL

RAÚL

carrera, logró dejar la pelota con suavidad en el suelo, y entró en el área con opción de chutar con la pierna izquierda. Pero en lugar de chutar, hizo un recorte hacia la derecha que sentó en el suelo al primer defensa del Vasco da Gama; se volvió a colocar para chutar, pero hizo un segundo recorte de nuevo hacia la derecha, que sentó al segundo defensa y al portero; y a la tercera, con la puerta vacía y con tres brasileños en el suelo, fusiló con la pierna derecha.

El gol fue precioso, y además le dio el título al Real Madrid.

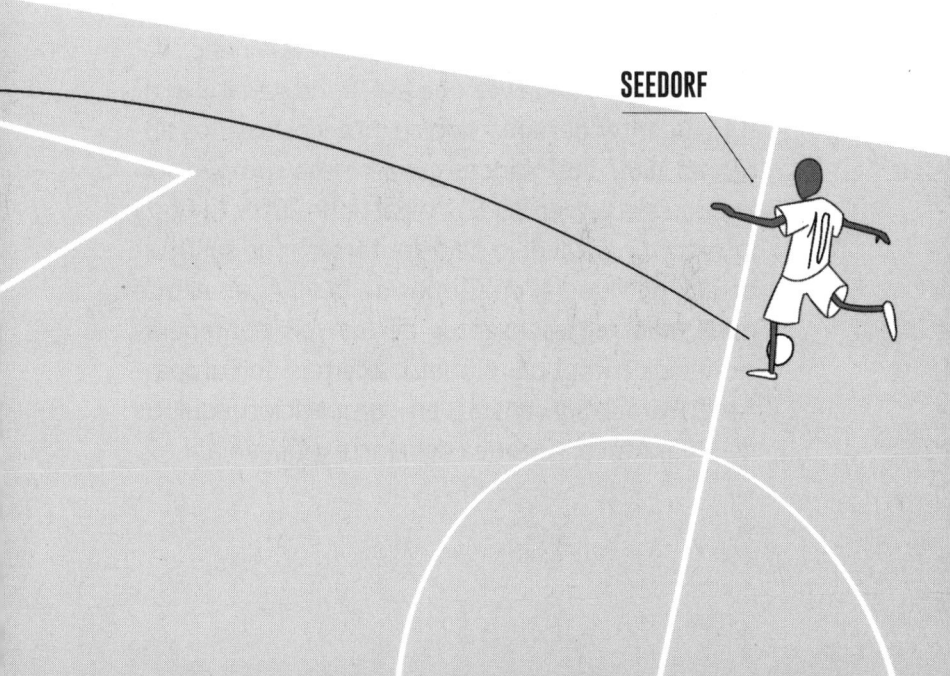

SEEDORF

EL RESULTADO

El gol dio la victoria al Real Madrid en el minuto 83 de partido. Real Madrid 2 – Vasco da Gama 1.

ANÉCDOTAS

Cuando era niño, Raúl había hecho muchas veces jugadas parecidas en el equipo de su barrio, el San Cristóbal. Y fue su padre el que bautizó ese gol como el aguanís. «Era una jugada que hacía mucho: cuando las cosas se ponían mal en los partidos, un amigo nuestro le gritaba que la hiciera», explicó su padre en una entrevista que concedió al diario *Marca* hace unos años. Y aquel día de diciembre de 1998 fue cuando Raúl enseñó esa jugada al mundo entero y la hizo famosa.

Ese gol le dio la Copa Intercontinental al Real Madrid, cuando esta competición solo la jugaban el campeón de Europa y el campeón de América del Sur. Fue la segunda vez que el Madrid ganaba el título, la anterior había sido treinta y ocho años antes, en 1960. Los blancos ganaron esa competición una tercera vez, en 2002. Y a partir de 2005, la Copa Intercontinental dejó de disputarse, y fue sustituida por el Mundial de Clubes de la FIFA, en el que participan representantes de las seis confederaciones de fútbol del planeta: además de Europa y América del Sur, entran en competición equipos de Asia, África, América del Norte y Oceanía.

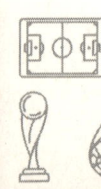

EL GOLAZO DE

MÁGICO GONZÁLEZ

CUÁNDO
En septiembre de 1986.

DÓNDE
En el estadio Ramón de Carranza de Cádiz, España.

EL PARTIDO
Se jugaba la 4ª jornada del Campeonato Nacional de la Liga Española 1986-1987 entre el Cádiz y el Racing de Santander.

ASÍ FUE EL GOL

Que Mágico González era un artista lo sabía todo el mundo, pero el gol que metió aquella tarde al Racing de Santander es considerado por mucha gente el mejor gol de la historia de la Liga española.

Mediada la segunda parte, y cuando el Cádiz ya iba ganado 2-0, el delantero salvadoreño recibió la pelota en la banda izquierda, muy cerca del pico del área. Con un recorte seco, hacia la derecha, se deshizo del primer defensa, Chiri, que quedó en el suelo. Casi sin sitio ni tiempo, se encontró con un segundo defensa, Sañudo. Así que Mágico hizo un doble cambio de dirección, izquierda-de-

MÁGICO
GONZÁLEZ

MÁGICO
GONZÁLEZ

recha, que incluyó un precioso cañito para dejar plantado al jugador del Racing. Y cuando salía de este regate, se encontró de golpe con un tercer defensa, Roncal, que se lanzó al suelo, así que el delantero del Cádiz le superó con un sutil recorte, abriendo la pelota hacia la derecha, ya dentro del semicírculo del borde del área.

Tras superar con mucho arte a tres defensas en un palmo de terreno, vio al portero algo adelantado y le lanzó una vaselina perfecta. El balón voló y, tras tocar ligeramente el larguero, entró con absoluta suavidad en la portería del Racing. Un gol de dibujos animados.

EL RESULTADO

Este tanto de Jorge Mágico González fue el tercero del Cádiz y también el tercero en su cuenta particular, con el que completó un *hat-trick*. Así acabó el partido: Cádiz 3 – Racing de Santander 0.

ANÉCDOTAS

Jorge Mágico González siempre tuvo aspecto de buena persona. No era muy alto, era delgadito, hablaba con suavidad… Vamos, que no tenía pinta de futbolista profesional. Pero con la pelota en los pies, ha sido de lo mejor que se ha visto jamás.

90

Cuando marcó este golazo, el propio portero del Racing de Santander, Pedro Alba, recorrió 50 metros corriendo hasta el centro del campo para felicitar al delantero del Cádiz. «Han pasado muchos años pero cada vez que veo el gol en la televisión, me sigue pareciendo algo increíble», ha comentado el portero en más de una ocasión.

A pesar de contar con Mágico González en sus filas, el Cádiz hizo una temporada muy mala y acabó la Liga en última posición. Sin embargo, como la Primera División se iba a ampliar de 18 equipos a 20, los tres últimos equipos de la clasificación jugaron un *play-off* para decidir cuál de los tres descendía a Segunda División y qué dos permanecían. Milagrosamente, el Cádiz se salvó y bajó a Segunda… el Racing de Santander.

EL GOLAZO DE

ROMARIO

CUÁNDO
En enero de 1994.

DÓNDE
En el Camp Nou de Barcelona, España.

EL PARTIDO
Era la 18ª jornada de la Liga española de la temporada 1993-1994 y jugaban el Barcelona y el Real Madrid.

ASÍ FUE EL GOL

El Barça y el Madrid jugaban un partido muy importante, se disputaba la 18ª jornada —prácticamente la mitad de la Liga— y ambos equipos estaban luchando por el campeonato. Había otro equipo metido en la lucha por el título: el Deportivo de La Coruña.

Corría el minuto 24 de la primera parte cuando Guardiola entregó un pase raso a Romario, que estaba en el borde del área y de espaldas a la portería. El delantero brasileño paró la pelota con el pie derecho y se dio la media vuelta mientras arrastraba el balón con el mismo pie hacia dentro, lo que desconcertó por completo a Alkorta,

ROMARIO   ROMARI

el defensa del Real Madrid que intentaba frenarle. Romario engañó por completo al madridista, parecía que iba a arrancar hacia la derecha pero se metió por la izquierda, mientras Alkorta se quedaba totalmente clavado.

El delantero azulgrana salió disparado hacia la portería y, ante la salida del portero, Paco Buyo, le cruzó la pelota con maestría, rasa y al segundo palo. Era el 1-0.

Fue un regate espectacular y muy novedoso, una genialidad del astro brasileño que puso al público en pie. Ese regate se conoce como «cola de vaca».

EL RESULTADO

El golazo de Romario adelantaba al Barcelona (1-0), pero solo era el comienzo. El partido fue un recital del Barça y acabó en paliza: Barcelona 5 – Real Madrid 0.

ANÉCDOTAS

Romario vivió una noche de gloria. No solo marcó esa maravilla de gol, sino que después tuvo tiempo de anotar otros dos, de forma que firmó un espectacular hat-trick. Además, el futbolista brasileño acabó la Liga como Pichichi —máximo goleador— con 30 goles.

Esos goles fueron los que, al final, le dieron el título de Liga al Barça. Con mucho suspense y un poco de suerte. El sorprendente Deportivo de La Coruña fue líder desde la jornada 14 hasta la 37, la penúltima. En la última jornada, el Depor tenía que ganar en casa al Valencia para proclamarse campeón de Liga, dependían de sí mismos. El partido iba 0-0 hasta que en el último minuto, se pitó un penalti a favor del equipo coruñés. Ese penalti valía un título de Liga: lanzó Miroslav Djukic... ¡pero lo paró el portero! El Barça, que había ganado su partido, fue campeón de Liga.

EL GOLAZO DE

WAYNE ROONEY

CUÁNDO
En febrero de 2011.

DÓNDE
En el estadio Old Trafford
de Manchester, Inglaterra.

EL PARTIDO
Se jugaba la 27ª jornada de
la Premier League de la temporada
2010-2011. El partido era un derbi:
Manchester United
contra Manchester City.

ASÍ FUE EL GOL

El partido era importantísimo: el Manchester United, que jugaba de local, lideraba la clasificación, con solo un punto de ventaja sobre el segundo, el Arsenal. El Manchester City era tercero, a cinco puntos de distancia, y peleaba por engancharse a los dos primeros.

Se acababa de superar la media hora de la segunda parte, es decir, que quedaban algo menos de 15 minutos para acabar el encuentro, y el resultado en ese momento era de empate a uno.

El Manchester United inició una jugada en el centro del campo, fue Scholes el que abrió la pelota hacia la banda derecha, donde estaba Nani, que centró al área. Wayne Rooney estaba en po-

ROONEY

sición de remate, cerca del punto de penalti, pero el centro de Nani se quedó un poco retrasado. Así que el delantero de los diablos rojos se puso de espaldas a la portería, dio un salto espectacular y, de chilena, remató con la pierna derecha. El balón voló directamente hacia la escuadra izquierda del portero del City, Joe Hart, que ni se movió, solo pudo ver cómo la pelota entraba en su portería.

Fue el delirio entre los aficionados del United, el estadio se vino abajo ante un gol prácticamente irrepetible.

NANI

EL RESULTADO

Corría el minuto 78 cuando Rooney anotó este golazo, y el marcador ya no se movió en lo que quedaba de partido: Manchester United 2 – Manchester City 1.

ANÉCDOTAS

El gol de Wayne Rooney al Manchester City todavía está considerado como el mejor de la historia de la Premier League. El legendario entrenador del Manchester United, Alex Ferguson, que se sentaba aquel día en el banquillo de los diablos rojos, aseguró que «nunca antes había visto algo así, seguro. Es absolutamente impresionante, increíble». «Lo único malo que tiene este gol —añadió Ferguson— es que el que marcó antes Nani será olvidado por completo y fue un gol fantástico».

El gol, además, fue nominado al Premio Puskas de ese año —el reconocimiento que hace cada año la FIFA al gol más bonito de la temporada—, aunque no se llevó el galardón.

El Manchester United acabó ganando la Premier esa temporada 2010-2011 con nueve puntos de ventaja sobre el Manchester City, que acabó empatado con el Chelsea en la segunda posición.

EL GOLAZO DE

PELÉ

CUÁNDO
En el año 1959.

DÓNDE
En el estadio de São Paulo, Brasil.

EL PARTIDO
Fue un partido amistoso entre dos equipos brasileños, el Atlético Juventus y el Santos.

ASÍ FUE EL GOL

Pelé recibió el balón en el borde del área y, con un control orientado, elevó ligeramente la pelota y dejó atrás al primer defensa y se fue hacia la portería contraria. Hizo un sombrero al segundo defensa que le salió al paso y, sin dejar caer el balón, otro sombrero más al tercer defensa. Cuando el balón caía de nuevo, el portero se lanzó a sus pies para quitarle la pelota, pero entonces Pelé volvió a elevarlo para hacer un tercer sombrero consecutivo, esta vez al portero, y ya a puerta vacía, de cabeza, anotó el que dicen que es el gol más espectacular de su carrera.

 100

PELÉ

PELÉ

PELÉ

PELÉ

PELÉ

Pelé hizo tres sombreros seguidos y acabó cabeceando, sin que la pelota llegara a tocar el suelo. Volvió locos a los defensas contrarios. Fue una demostración de técnica y de control de balón que provocó una ovación del público que se alargó durante varios minutos.

Aquel gol era el 0-4 a favor del Santos, aunque después de una maravilla así, el resultado era lo de menos. Los espectadores que asistieron ese día al estadio pudieron ver uno de los mejores goles de la historia del fútbol.

EL RESULTADO

El gol antológico de Pelé fue el 0-4. Después, el Atlético Juventus marcó dos goles y el resultado final fue Atlético Juventus 2 – Santos 4.

ANÉCDOTAS

A pesar de que este gol está considerado el más bonito de la carrera futbolística de Pelé, no hay imágenes de televisión. Así que la FIFA hizo una recreación en 3D para que los espectadores puedan saber cómo se desarrolló la jugada. Toda la secuencia es espectacular, y es una pena que no podamos verlo con imágenes reales.

Pelé fue un futbolista que cambió la historia del fútbol, jugó casi toda su vida en el Santos, de Brasil. Hizo muchas giras con su equipo por todo el mundo, de forma que jugó un montón de partidos. Él asegura que a lo largo de su carrera anotó más de 1.200 goles, pero como la FIFA solo reconoce los tantos logrados en partidos oficiales, el número de goles que en realidad se considera como válido es 767, que tampoco está mal.

EL GOLAZO DE

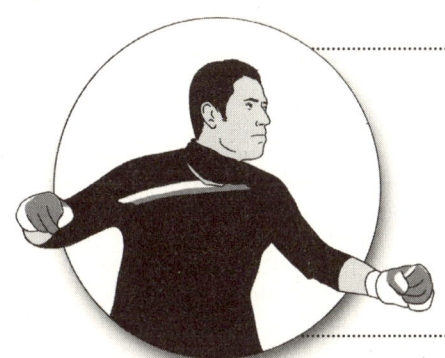

ANDRÉS PALOP

CUÁNDO
En marzo de 2007.

DÓNDE
En el estadio Central
de Donetsk, Ucrania.

EL PARTIDO
Era el encuentro de vuelta de los
octavos de final de la Europa League
de la temporada 2006-2007 entre el
Shaktar Donetsk de Ucrania y el Sevilla.

ASÍ FUE EL GOL

El partido había entrado ya en tiempo de descuento y el resultado era de 2-1 a favor del Shaktar Donetsk. En el choque de ida, que se había disputado unos días antes, ambos equipos habían empatado a dos, así que la situación era límite: los ucranianos estaban a pocos segundos de clasificarse para cuartos de final, mientras que el Sevilla necesitaba un gol para forzar la prórroga.

En el minuto 93, se produjo un córner a favor del Sevilla. Todos tenían claro que era la última ocasión para empatar, así que todos los jugadores sevillistas subieron a rematar, incluso el portero.

El córner lo sacó Dani Alves desde la esquina derecha, el balón voló hacia el centro del área y

PALOP

allí había un jugador del Sevilla totalmente solo que pudo rematar de cabeza y marcar el ansiado empate. ¿Quién fue el que remató? ¡El portero, Andrés Palop! Estaba más solo que la una porque los defensas ucranianos no contaban con que subiera a rematar. Y se quedaron con dos palmos de narices mientras Palop celebraba su golazo de rodillas sobre el campo y con todos sus compañeros tirándose encima de él.

Era el 2-2 y, cuando el Shaktar se veía prácticamente en la siguiente ronda, el partido se iba a la prórroga.

ALVES

EL RESULTADO

El golazo de Palop llevó el encuentro al tiempo extra. Y el Sevilla marcó un gol más en la prórroga y se clasificó: Shaktar Donetsk 2 – Sevilla 3.

ANÉCDOTAS

El fútbol es muy caprichoso. El Sevilla había sido muy superior al equipo ucraniano, y sin embargo estuvo a punto de caer eliminado. Pero lo que son las cosas: un gol en el descuento marcado de cabeza por el portero dio vida al Sevilla, que después remató la faena en la prórroga y se clasificó para la siguiente ronda.

 106

El portero declaró tiempo después que su intención al subir al área contraria era «crear confusión y ayudar a que algún compañero pudiera rematar, pero nunca pensé que fuera a marcar yo el gol. Ahora ya sé lo que sienten los delanteros cuando marcan».

Pero todavía hay más: el Sevilla eliminó en cuartos al Tottenham; en semifinales a Osasuna; y en la final se impuso al Espanyol por penaltis, después de que el partido acabase 2-2. En la tanda de penaltis, Palop paró tres lanzamientos, así que se puede decir que el guardameta fue el gran héroe de aquel título del Sevilla.

EL GOLAZO DE

MARCO VAN BASTEN

CUÁNDO
En junio de 1988.

DÓNDE
En el estadio olímpico
de Múnich, Alemania.

EL PARTIDO
Se jugaba la final de la Eurocopa
de 1988 entre las selecciones
de Holanda y la Unión Soviética.

ASÍ FUE EL GOL

Se llevaban disputados nueve minutos del segundo tiempo de la final de la Eurocopa, y el marcador reflejaba el mismo 1-0 a favor de Holanda con el que se había llegado al descanso.

El equipo soviético buscaba el empate, pero en una imprecisión, entregaron el balón al jugador holandés Van Tiggelen, que arrancó desde su propio campo con el balón controlado. Rápidamente se plantó en las inmediaciones del área rival y abrió la pelota hacia la banda izquierda, donde recibió Mühren, que centró al área.

VAN BASTEN

MÜHREN

El centro fue un poco churro, salió demasiado pasado, el balón se fue casi hasta el borde lateral del área y cerca de la línea de fondo. Allí estaba Marco Van Basten. Para sorpresa de todos, el delantero holandés, en lugar de controlar la pelota y buscar otro centro, decidió empalmar el balón según le llegaba, sin dejarlo botar y con muy poco ángulo.

El tiro que le salió fue espectacular, con fuerza, por encima del portero —el gran Rinat Dasaev— y directo hacia la escuadra del segundo palo. Técnica, clase, potencia, precisión... Fue un golazo absolutamente increíble solo al alcance de un genio como Van Basten.

VAN TIGGELEN

EL RESULTADO

El tanto de Marco Van Basten significó el Holanda 2 – URSS 0. Ya no hubo más goles en esa final.

ANÉCDOTAS

Aquella selección de Holanda fue uno de los equipos con más talento de la historia: Ruud Gullit, Ronald Koeman, Frank Rijkaard, el propio Marco van Basten... Antes ya había habido grandes jugadores holandeses, como Johan Cruyff, pero hubo que esperar a esta gran generación para que el equipo tulipán consiguiera su primer título —y hasta ahora único— de campeón de Europa.

La competición no empezó demasiado bien para los holandeses, que perdieron su primer partido en la fase de grupos, precisamente contra la Unión Soviética. Pero después se rehicieron y consiguieron clasificarse para semifinales como segundos de grupo.

En semifinales eliminaron al equipo anfitrión, Alemania, por 1-2. Y en la final se tomaron la revancha con los soviéticos. Marco Van Basten, uno de los delanteros con más clase de la historia, también se proclamó máximo goleador del torneo, con cinco tantos.

EL GOLAZO DE

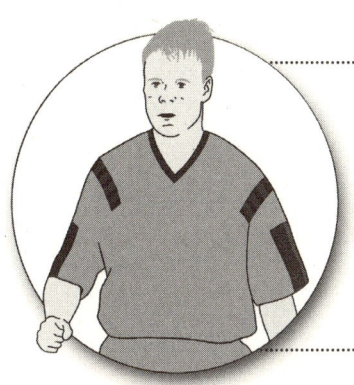

RONALD KOEMAN

CUÁNDO
En mayo de 1992.

DÓNDE
En el estadio Wembley
de Londres, Inglaterra.

EL PARTIDO
Fue la final de la Copa de Europa (lo
que ahora es la Champions League)
de 1992, Barcelona-Sampdoria.

ASÍ FUE EL GOL

Los 90 minutos de partido habían acabado 0-0, parecía imposible meter un gol. Así que los dos equipos tuvieron que disputar la prórroga. Ya en la segunda parte de esa prórroga, cuando quedaban apenas 9 minutos para acabar el partido y marcharse a la tanda de penaltis, se produjo una falta al borde del área de la Sampdoria. Pero era indirecta.

Así que dos jugadores del Barça, Stoichkov y Bakero, se colocaron junto al balón, a unos 25 metros de la portería. Y Koeman, que era un especialista en pegar trallazos, cogió carrerilla. Siete

KOEMAN

VAQUERO

STOICHKOV

jugadores del equipo italiano formaban la barrera, que parecía imposible de superar. Cuando el árbitro pitó, Stoichkov tocó la pelota en corto, Bakero la paró y Koeman le pegó con toda su alma con la pierna derecha. Al mismo tiempo, tres jugadores de la Sampdoria salieron corriendo como locos para echarse encima de los jugadores del Barcelona y bloquear el tiro.

Sorprendentemente, la pelota pasó por medio de todos ellos, con muchísima potencia, hacia el palo izquierdo. El portero se tiró bien, pero el balón entró como un obús, raso y junto al poste.

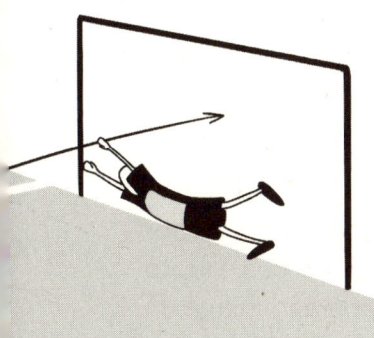

EL RESULTADO

El gol fue el 1-0 para el Barcelona, y con ese resultado acabó el partido pocos minutos después. El Barça se proclamó campeón de Europa.

ANÉCDOTAS

El gol de Ronald Koeman dio la primera Copa de Europa de su historia al Barcelona, era la primera vez que el equipo azulgrana ganaba esta competición. Después, la han ganado más veces, pero ya no se llamaba Copa de Europa, sino Champions League: 2006, 2009, 2011 y 2015.

La falta que dio origen al gol de Koeman generó mucha polémica. ¿Fue falta? La jugada fue dudosa. Eusebio, el número 11 del Barcelona en aquel partido, intentaba avanzar con la pelota pero chocó con un defensa, que cayó al suelo, y se produjo un barullo. El defensa italiano, desde el suelo, trató de despejar, y el árbitro pitó falta indirecta porque interpretó que el defensor había retenido la pelota con sus piernas. Los jugadores de la Sampdoria protestaron mucho la decisión pero la falta estaba pitada. No está claro, por mucho que veamos la repetición, si fue falta o no. Lo que sí está claro es que Koeman marcó un golazo para la historia.

EL GOLAZO DE

JAMES RODRÍGUEZ

CUÁNDO
En junio de 2014.

DÓNDE
En el estadio Maracaná
de Río de Janeiro, Brasil.

EL PARTIDO
Las selecciones de Colombia
y Uruguay disputaban
el partido de octavos de final
del Mundial 2014.

ASÍ FUE EL GOL

El partido era tenso, las dos selecciones se estaban jugando la clasificación para cuartos de final del Mundial. Pero Colombia estaba siendo mejor y dominaba el encuentro. A pesar de eso, el marcador todavía no se había movido, se mantenía el empate a cero inicial.

Mediada la primera mitad, en el minuto 28, la defensa de Uruguay despejó un balón hacia el centro del campo. Allí, el jugador colombiano Yepes cabeceó el balón para devolverlo a las inmediaciones del área uruguaya.

El balón de Yepes lo recibió James Rodríguez fuera del área y de espaldas a la portería. Hizo un control

YEPES

JAMES

JAMES

con el pecho, orientando la pelota hacia la izquierda mientras se giraba y, sin dejar caer el balón al suelo, a la media vuelta y con su pierna izquierda se sacó de la manga un tirazo espectacular, desde casi 25 metros de distancia, que entró como un cohete en la portería de Uruguay tras tocar en el larguero.

Fue un golazo de una tremenda dificultad, que exigió control, pausa, una coordinación perfecta y un golpeo complicadísimo —por la postura del delantero, por el hecho de recibir de espaldas y por la distancia a la portería—, y que convirtió a James Rodríguez en uno de los grandes protagonistas del Mundial de Brasil.

EL RESULTADO

Con ese golazo, James Rodríguez ponía por delante a Colombia. En el segundo tiempo, él mismo marcó el segundo gol de su equipo. El resultado final fue Colombia 2 – Uruguay 0.

ANÉCDOTAS

James Rodríguez marcó este auténtico golazo —que obtuvo el Premio Puskas que otorga la FIFA al mejor tanto de la temporada—, con el que la selección de Colombia se clasificó por primera vez en su historia para la ronda de cuartos de final de un Mundial.

Pero hizo muchas cosas más en el Mundial de Brasil. En cuartos de final, la selección de Colombia cayó eliminada ante los anfitriones, Brasil, en un partido muy igualado. Cayeron derrotados por 2-1 y el gol de Colombia también fue de James Rodríguez.

El delantero colombiano acabó el Mundial como máximo goleador, con seis tantos, y se dio a conocer al mundo entero como una gran estrella. Su actuación le valió para que los grandes equipos de Europa se fijaran en él y, poco después del Mundial, fichó por el Real Madrid. A lo largo de su carrera, James ha jugado en cinco Ligas europeas (Portugal, Francia, España, Alemania y Grecia), tres sudamericanas (Colombia, Argentina y Brasil) y una asiática (Qatar).

EL GOLAZO DE

THIERRY HENRY

CUÁNDO
En octubre de 2000.

DÓNDE
En el Arsenal Stadium
(más conocido como Highbury),
de Londres, en Inglaterra.

EL PARTIDO
Fue la 8ª jornada de la Premier
League de la temporada
2000-2001 entre el Arsenal
y el Manchester United.

ASÍ FUE EL GOL

En el minuto 30 del primer tiempo, todavía con empate a cero en el marcador, el centrocampista del Arsenal Gilles Grimandi recibió la pelota ya en campo del Manchester, cerca de la banda izquierda. Grimandi vio a Thierry Henry que estaba al borde del área, y le pasó un balón raso.

Henry estaba escorado a la izquierda, cerca del pico del área, y de espaldas a la portería. Además, había un defensa del Manchester United completamente pegado a él, para evitar que pudiera crear cualquier peligro.

Entonces, Thierry Henry, que era un genio, vio llegar la pelota rasa. Con un suave toque con el pie derecho, la levantó unos centímetros del sue-

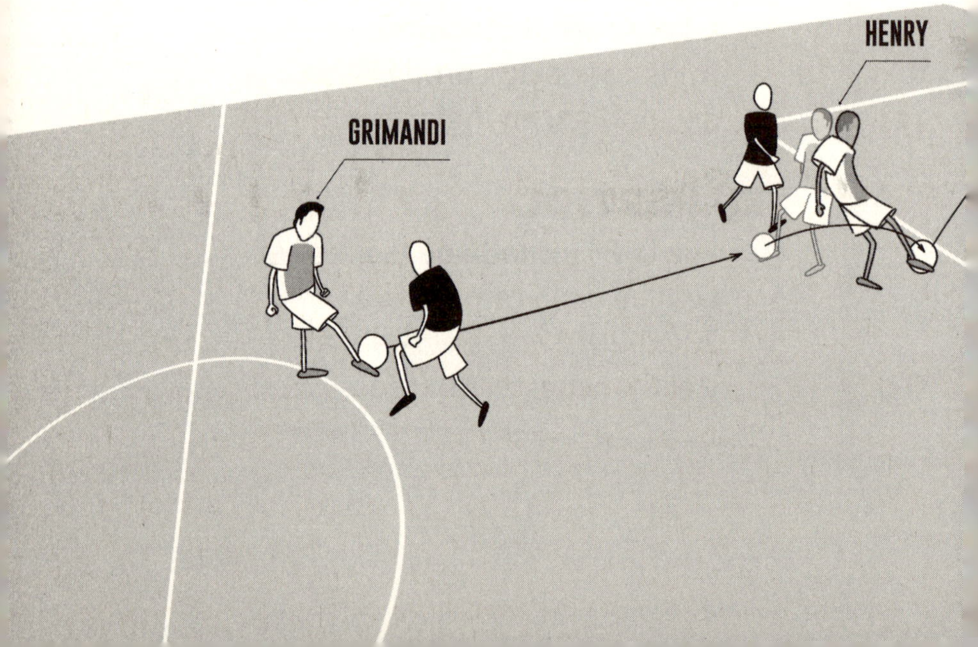

GRIMANDI

HENRY

lo y, con la misma pierna y a la media vuelta, pegó una volea cruzada espectacular que se coló por toda la escuadra. El gesto que hizo el delantero francés fue rapidísimo, nadie se esperaba que pudiese disparar en esa situación.

El tiro fue absolutamente imparable, y el portero del Manchester United, el también francés Fabien Barthez —Henry y Barthez fueron compañeros en la selección francesa—, solo pudo mirar cómo la pelota se colaba en la portería.

El propio entrenador del Arsenal, Arsene Wenger —también francés, por cierto— no se podía creer el golazo que acababa de marcar su equipo.

EL RESULTADO

El golazo de Thierry Henry fue el único que se marcó ese día y el que le dio la victoria al Arsenal: Arsenal 1 – Manchester United 0.

ANÉCDOTAS

Thierry Henry es una leyenda del Arsenal, equipo en el que jugó ocho temporadas, en las que marcó más de 200 goles (es el máximo goleador de la historia del equipo). Con el Arsenal ganó varios títulos, entre ellos dos veces la Premier League. Además, fue cuatro veces máximo goleador del torneo y dos veces Bota de Oro (máximo goleador de Europa).

 122

El partido de octubre del año 2000 contra el Manchester United era muy importante, porque se enfrentaban los dos principales candidatos a ganar la Premier League. El partido lo ganó el Arsenal, pero al final de temporada, la Premier se la llevó el Manchester United; el Arsenal quedó segundo.

Aparte de sus éxitos con el Arsenal, Henry también ganó la Liga francesa (con el Mónaco), la Liga española (con el Barcelona), una Champions League (también con el Barça) y fue campeón del Mundo (1998) y de Europa (2000) con la selección de Francia.

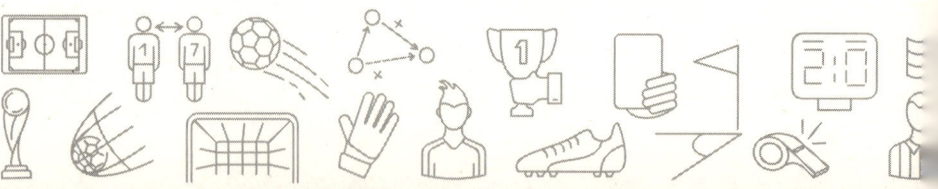

EL GOLAZO DE

KYLIAN MBAPPÉ

CUÁNDO
En marzo de 2020.

DÓNDE
En el Parc Olympique Lyonnais de Lyon, Francia.

EL PARTIDO
Fue un encuentro de semifinales de la Copa de Francia de la temporada 2019-2020. Jugaron a partido único el Olympique de Lyon y el Paris Saint Germain.

ASÍ FUE EL GOL

Fue un partido bastante igualado, aunque el marcador final haga pensar otra cosa. En el minuto 25 del segundo tiempo, el Paris Saint Germain ganaba 1-2 y el equipo local, el Olympique de Lyon, buscaba el empate.

En una jugada de ataque del Lyon, se produjo un pase impreciso y Kylian Mbappé robó la pelota en su propio campo, a unos 70 metros de la portería contraria. Kylian, en lugar de pasar la pelota a un compañero para iniciar con calma una jugada, decidió arrancar la moto: se puso a correr, desbordó a un primer contrario con una preciosa bicicleta, se fue hacia la banda iz-

MBAPPÉ

MBAPPÉ

quierda y siguió avanzando, rapidísimo, sin que nadie pudiera alcanzarle. Se plantó cerca del área, amagó con meterse hacia dentro, hacia el centro del área, pero cambió de dirección hacia la izquierda, lo que le permitió deshacerse con facilidad de otro defensa. Y según salía el portero, lo batió con la pierna derecha, raso y al primer palo.

Espectacular todo el proceso: el robo de balón, la arrancada, la conducción con esa zancada única que tiene el delantero francés, la facilidad para superar defensas y el tiro al sitio que menos esperaba el portero.

MBAPPÉ

MBAPPÉ

EL RESULTADO

El golazo de Kylian Mbappé rompía el partido porque colocaba al PSG con ventaja de 1-3. Pero todavía hubo más goles. El partido acabó Olympique de Lyon 1 – PSG 5.

ANÉCDOTAS

El partido de Mbappé fue muy completo, y fue su calidad la que desequilibró la eliminatoria. El Olympique de Lyon se había adelantado en el marcador (1-0) y tuvo ocasiones para ampliar la ventaja, pero no las aprovechó. Y si hay un jugador que no perdona es Mbappé: el delantero francés fue una pesadilla para la defensa contraria y acabó anotando tres goles en la victoria por 1-5 de su equipo. Los locales no merecieron una derrota tan abultada, pero el PSG contaba con Mbappé, esa fue la principal diferencia. En la final, el PSG se llevó el título tras derrotar 1-0 al Saint Étienne.

Mbappé es un jugador con una facilidad anotadora asombrosa, rapidísimo y con un golpeo de balón espectacular. Acumula ligas en Francia y trofeos al máximo goleador de la competición, y fue campeón del mundo con la selección de Francia en el Mundial de Rusia de 2018.

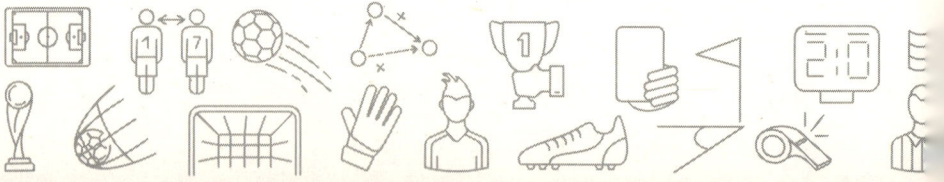

EL GOLAZO DE

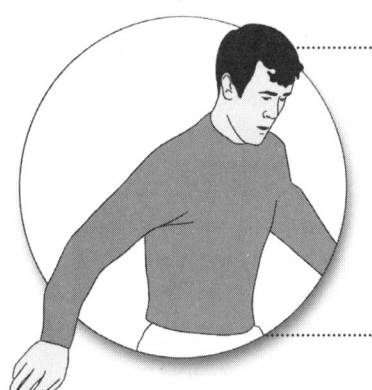

GEOFFREY HURST

CUÁNDO
En julio de 1966.

DÓNDE
En el estadio Wembley de Londres, Inglaterra.

EL PARTIDO
Fue nada menos que la final del Mundial de 1966 que se disputó en Inglaterra: jugaron los anfitriones contra Alemania.

ASÍ FUE EL GOL

Inglaterra y Alemania jugaron un partido intenso. Durante los 90 minutos hubo mucha emoción. En el primer tiempo se adelantó Alemania (0-1) y poco después empataron los locales (1-1). Ya en el segundo tiempo, fue Inglaterra quien se puso por delante (2-1) pero el equipo visitante logró empatar en el último minuto (2-2) y llevar el partido a la prórroga.

Y aquí se produjo uno de los goles más famosos de la historia de los mundiales. En el minuto 11 de la primera parte de la prórroga, la selección inglesa realizó una jugada por la banda derecha. Peters llegó hasta la línea de fondo y centró al área. El centro se quedó algo corto y Geoffrey Hurst controló la pelota en el pico del área pequeña,

de espaldas a la portería, y a la media vuelta consiguió sacarse de la manga un disparo que superó por arriba al portero alemán, Hans Tikowski. La pelota pegó en el larguero, botó sobre la línea de gol y salió hacia fuera.

¿El balón entró? Nadie lo sabía a ciencia cierta. Hurst celebraba el gol y los alemanes protestaban y decían que de eso nada, que la pelota no había entrado. El árbitro fue a consultar con el juez de línea, que aseguró que el balón había entrado y concedió el gol de Inglaterra, para delirio de los aficionados ingleses que abarrotaban el estadio. Inglaterra se ponía por delante: 3-2.

EL RESULTADO

Todavía hubo un gol más, en el último tiempo de la prórroga, que sentenció el partido a favor de Inglaterra. El resultado final fue Inglaterra 4 – Alemania 2.

ANÉCDOTAS

El tanto de Hurst es el gol fantasma más polémico de la historia de las copas del Mundo de fútbol. Fue el primer Mundial que se televisó en color, con buena calidad de imagen. Aun así, no está del todo claro si la pelota entró o no. En las diferentes imágenes y fotografías da la sensación de que el balón no llegó a traspasar la línea totalmente, y el propio jugador ha declarado en alguna ocasión que cree que ese balón no entró.

También se han hecho estudios y simulaciones posteriores, algunos concluyen que la pelota traspasó la línea y otros, que no lo hizo; pero la realidad es que tantos años después, no se ha despejado la duda.

En cualquier caso, el gol subió al marcador, Hurst fue la estrella de la final —marcó tres de los cuatro goles de Inglaterra— y la selección inglesa logró su primer y único título mundial hasta hoy.

EL GOLAZO DE

RONALDO NAZARIO

CUÁNDO
En octubre de 1996.

DÓNDE
En el estadio San Lázaro de Santiago de Compostela, España.

EL PARTIDO
Se jugaba la 7ª jornada de la Liga española de la temporada 1996-1997 entre el Compostela y el Barcelona.

ASÍ FUE EL GOL

El Barcelona estaba siendo muy superior y ya dominaba el partido por 0-2. En el minuto 36 del primer tiempo, dos jugadores del Compostela chocaron muy cerca del círculo central, ya en campo del Barcelona, y dejaron el balón suelto. Ronaldo Nazario, que pasaba por allí, lo recogió peleando con Chiba, que incluso trató de parar al delantero del Barça con un agarrón. Pero Ronaldo era pura potencia y siguió adelante.

Cruzó el centro del campo y llegó otro centrocampista del Compostela, José Ramón, y Ronaldo pisó la pelota, cambió de ritmo y dirección, y se fue por la izquierda como una locomotora.

 132

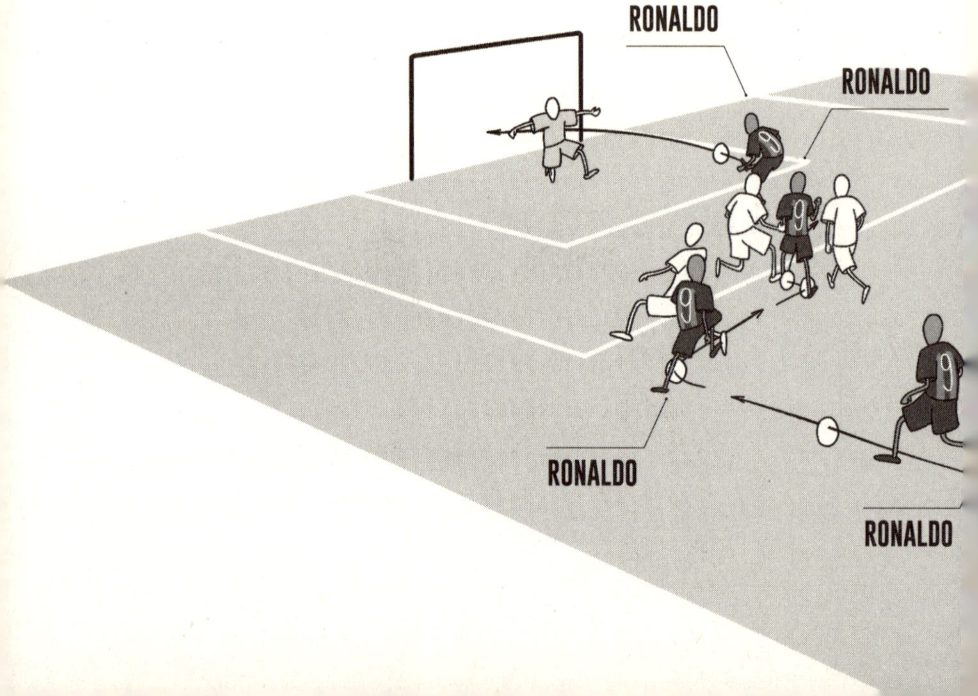

RONALDO

RONALDO

RONALDO

RONALDO

Justo cuando entraba en el área, se encontró con William, así que el delantero brasileño quebró hacia la derecha. Cuando iba a disparar, se encontró de nuevo con José Ramón, que había recuperado la posición, y también se deshizo de él cambiándose el balón de pie. Y prácticamente desde el punto de penalti, y ante la salida de Peralta, el portero del Compostela, lo batió con un tiro raso ajustado al primer palo.

Fue una carrera impresionante, de más de 50 metros, sorteando contrarios, agarrones y empujones, que dejó a todo el mundo boquiabierto. Espectacular.

EL RESULTADO

El gol de Ronaldo Nazario fue el 0-3, con el que se llegó al descanso. En el segundo tiempo hubo más goles: Compostela 1 – Barcelona 5.

ANÉCDOTAS

El delantero brasileño tenía solo veinte años cuando anotó este golazo. Había fichado pocas semanas antes por el Barça y el propio entrenador del equipo, Bobby Robson, comparó al futbolista con Pelé.

Ronaldo fue la gran sensación mundial ese año. Con el Barcelona ganó la Copa del Rey y la Recopa, y fue Pichichi de la Liga española con 34 goles. Aunque en Liga quedaron segundos, detrás del Real Madrid. A pesar de su enorme rendimiento, solo jugó una temporada en el Barcelona. Después triunfó en el Inter de Milán y, años más tarde, en el Real Madrid.

A pesar de que sufrió dos graves lesiones de rodilla, algunos le consideran el mejor delantero de la historia. Fue elegido mejor jugador del mundo en 1997 y 2002, ganó títulos con equipos de Brasil, Holanda, España e Italia. Y con su selección, ganó dos mundiales (1994 y 2002), dos Copas América (1997 y 1999) y fue campeón olímpico (1996).

EL GOLAZO DE

JOHAN CRUYFF

CUÁNDO
En diciembre de 1973.

DÓNDE
En el Camp Nou de Barcelona, España.

EL PARTIDO
Fue un encuentro de la 15ª jornada de la Liga española de la temporada 1973-1974, que jugaron el Barcelona y el Atlético de Madrid.

ASÍ FUE EL GOL

El Barcelona llegaba a este partido como líder de la clasificación, mientras que el Atlético de Madrid, que había empezado muy bien la Liga, parecía que iba perdiendo fuelle, así que era un partido muy importante para los dos equipos: el Barça quería aprovechar la buena línea y el Atleti, recuperar buenas sensaciones y volver a meterse en la lucha por el campeonato.

Estaba acabando el primer tiempo, y se mantenía el resultado inicial de empate a cero. En el minuto 43, Carlos Rexach hizo una buena jugada por la banda derecha y lanzó un centro al segundo palo, donde estaba Johan Cruyff. El centro sa-

lió demasiado largo y profundo, y parecía que se iba a marchar fuera, a saque de puerta.

Pero entonces, el delantero holandés se lanzó a cazar el balón: el salto fue espectacular, con los pies por delante, como si fuera una patada de kárate, y consiguió conectar un remate dificilísimo con la pierna derecha, de espuela, que entró junto al primer palo, por toda la escuadra, ante la sorpresa de Reina, el portero del Atlético de Madrid.

El gol fue precioso, prácticamente inesperado, una verdadera obra de arte que dejó a todo el estadio con la boca abierta.

EL RESULTADO

Johan Cruyff estrenó el marcador con ese gol, era el 1-0. Después, el Barça metió el segundo y el Atleti acortó distancias. El resultado final fue Barcelona 2 – Atlético de Madrid 1.

ANÉCDOTAS

Este gol de Cruyff fue denominado el «gol imposible» porque, efectivamente, parecía imposible de meter. Era la primera temporada de Johan Cruyff en el Barcelona y se esperaba mucho de él porque era el mejor jugador del mundo. El holandés acabó esa Liga con 16 goles y formó pareja de ataque con Marcial —que hizo 17—, y entre los dos le dieron el título de Liga al Barça ese año.

 138

Cruyff era la gran estrella del Ajax: había ganado tres copas de Europa seguidas (1971, 1972 y 1973). En las cinco temporadas que pasó en el Barça como jugador no consiguió demasiados títulos —una Liga y una Copa— pero dejó muestras de su tremenda clase. Sin embargo, años después volvió al Barcelona como entrenador y dirigió una de las épocas más brillantes de la historia del club azulgrana: ganó cuatro ligas seguidas (1991, 1992, 1993 y 1994) y, sobre todo, fue el artífice de la primera Copa de Europa de la historia del equipo, que logró en 1992.

EL GOLAZO DE

MARCIN OLEKSY

CUÁNDO
En noviembre de 2022.

DÓNDE
En el estadio Debinska de Poznan, Polonia.

EL PARTIDO
Fue un encuentro de la AMP Football Polska de Polonia entre el Warta Poznan y el Stal Rzeszów.

ASÍ FUE EL GOL

Fue una jugada que inició el portero del Warta Poznan, que sacó en largo, más allá del centro del campo. Un defensa del Stal Rzeszów despejó en corto y el equipo local recuperó la pelota, que llegó a la banda izquierda donde Dawid Novak centró de primeras hacia el área.

El balón iba a la altura perfecta y Marcin Oleksy, en posición acrobática, conectó un precioso remate de chilena que entró pegado al palo, sin que el portero contrario, que se quedó completamente quieto, pudiera hacer nada por evitarlo.

La dificultad de este gol no fue solo la precisión y la exquisita técnica mostrada por Oleksy en el

WARAKOMSKI

remate, sino también el hecho de que al jugador le falte una pierna. Y también al resto de jugadores de ese partido, porque la AMP Football Polska es la liga para amputados de Polonia.

Marcin Oleksy jugaba de portero en un equipo aficionado cuando era joven. En 2010, cuando tenía veintitrés años, sufrió un accidente laboral que le hizo perder la pierna izquierda, pero decidió luchar y seguir practicando su deporte favorito, el fútbol. Un tiempo después, empezó a jugar como delantero en la modalidad de fútbol para amputados y gracias a este golazo se hizo famoso en todo el mundo.

OLEKSY

NOWAK

EL RESULTADO

El partido fue un recital del equipo local y acabó con el resultado de Warta Poznan 4 – Stal Rzeszów 0.

ANÉCDOTAS

Este gol dio la vuelta al mundo, se hizo viral, y muchos futbolistas lo comentaron y lo movieron por redes. Uno de ellos, Robert Lewandowski, compatriota de Marcin Oleksy. El golazo llegó a la FIFA, que decidió nominarlo al Premio Puskas —el galardón al gol más bonito del año— y finalmente, en la gala que se celebró en febrero de 2023, la de los premios The Best 2023 de la FIFA, se le concedió ese Premio Puskas. Fue histórico: la primera vez que este premio se concede en una modalidad distinta al fútbol masculino de 11 contra 11.

«Este premio demuestra que la discapacidad no es un obstáculo, me he sentido como una estrella —declaró el protagonista—. Siempre quise marcar un gol así de bonito, después de lograrlo me sentí orgulloso».

Marcin Oleksy no se ha convertido solo en una celebridad, sino también en un ejemplo de lucha y superación.

ROGERIO CENI

CUÁNDO
En marzo de 2011.

DÓNDE
En el Arena Barueri de la región de São Paulo, Brasil.

EL PARTIDO
Fue un partido del campeonato paulista de Brasil entre el São Paulo y Corinthians.

ASÍ FUE EL GOL

El partido era importantísimo porque jugaban dos de los candidatos al título, el São Paulo y el Corinthians. Poco después del minuto 5 del segundo tiempo, y cuando el resultado era de 1-0 a favor del São Paulo, se produjo una falta al borde del área a favor del equipo local. La falta era peligrosa, ligeramente escorada a la izquierda y a casi 25 metros de distancia.

Así que el especialista en tirar faltas del São Paulo se preparó para el lanzamiento. Lo curioso es que este futbolista... ¡era el portero del equipo! Efectivamente, el mejor lanzador de faltas era Rogerio Ceni, el guardameta, así que allí es-

144

taba él, preparado para golpear la pelota con su pierna derecha, con su camiseta amarilla y sus guantes puestos.

Ceni cogió tres pasos de carrerilla y golpeó con un estilo muy característico, con el interior del pie. El balón cogió velocidad y mucho efecto, pasó por encima de la barrera y voló a la altura perfecta para entrar por toda la escuadra. El portero del Corinthians, Julio César, se estiró todo lo que pudo, pero no fue capaz de llegar al balón. Un auténtico golazo que aumentaba la ventaja en el marcador de São Paulo (2-0) y le acercaba al título de Liga.

CENI

EL RESULTADO

Unos minutos después, Corinthians recortó distancias, pero no fue capaz de empatar el partido. El encuentro acabó São Paulo 2 – Corinthians 1.

ANÉCDOTAS

Este auténtico golazo de Rogerio Ceni no solo le dio la victoria a su equipo ese día, sino que fue el gol número 100 de la carrera de este guardameta. Ceni es el portero más goleador de la historia del fútbol, anotó 129 goles, prácticamente la mitad de falta directa y la otra mitad de penalti.

Ceni jugó prácticamente toda su carrera en el São Paulo, donde es considerado una auténtica leyenda: fueron 23 temporadas y cerca de 1.200 partidos. Y también fue internacional con la selección de Brasil, con la que se coronó como campeón del mundo en el Mundial de Japón y Corea de 2002.

Este guardameta brasileño tenía una técnica de golpeo espectacular: potencia, colocación, efecto... Y lo consiguió entrenando muchísimas horas el disparo a puerta. De hecho, es considerado uno de los mejores lanzadores de faltas de la historia.

EL GOLAZO DE

ANTONÍN PANENKA

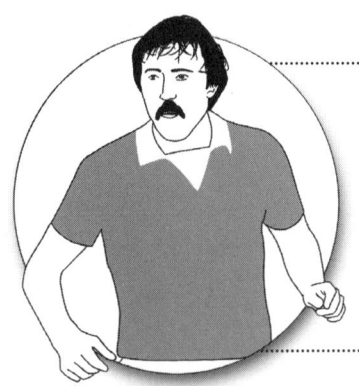

CUÁNDO
En junio de 1976.

DÓNDE
En el estadio Estrella Roja
(que después pasó a llamarse
Rajko Mitić) de Belgrado, Serbia.

EL PARTIDO
Fue la final de la Eurocopa de 1976
que se disputó en Yugoslavia (actual
Serbia) entre Checoslovaquia y
la República Federal de Alemania.

ASÍ FUE EL GOL

Era toda una final de la Eurocopa, en la que Alemania era clara favorita ante Checoslovaquia. Sin embargo, los checoslovacos se llegaron a poner 2-0, y los alemanes tuvieron que tirar de épica para igualar el encuentro y llevarlo a la prórroga. De hecho, el empate a dos lo lograron en el último minuto del partido, en el 90.

En la prórroga hubo algunas ocasiones, pero el marcador no se movió, así que se llegó a la tanda de penaltis.

En esa tanda, todos los lanzadores fueron marcando hasta que falló el último jugador alemán,

Uli Hoeness, que mandó su disparo a las nubes. Le tocaba el turno a Antonín Panenka: si metía su lanzamiento, hacía campeona de Europa a Checoslovaquia.

Panenka cogió mucha carrerilla, fue a toda velocidad hacia el balón y en cuanto vio que el portero alemán, el legendario Sepp Maier, se tiraba hacia la izquierda, elevó la pelota con suavidad, por el centro de la portería. Inesperado, imaginativo, genial. Y con esa genialidad dio el título europeo a su selección.

EL RESULTADO

El partido, tanto los 90 minutos iniciales como los 30 posteriores de prórroga, acabó en empate: Checoslovaquia 2 – Alemania 2.

ANÉCDOTAS

Este disparo de Panenka se convirtió, posiblemente, en el penalti más famoso de la historia, y todavía hoy se sigue llamando «penalti a lo Panenka» esta forma de tirar una pena máxima en un partido de fútbol. Es muy arriesgado, porque si el portero no se mueve, detiene la pelota con facilidad y al lanzador se le queda cara de tonto. Es algo que ya ha ocurrido algunas veces.

 150

Curiosamente, aquella final de la Eurocopa de 1976 se disputó en un país que ya no existe —Yugoslavia— entre las selecciones de dos países que tampoco existen: Checoslovaquia, que se dividió en Chequia y Eslovaquia, y la República Federal de Alemania, que se unió más tarde a la República Democrática de Alemania para formar la actual Alemania.

Además, fue la primera final de la Eurocopa que se decidió por penaltis. El invento de la tanda de penaltis para desempatar se introdujo en el fútbol en 1970. Hasta entonces, se hacía partido de desempate.